学区制改革的
十条经验

XUEQUZHI GAIGE DE
SHITIAO JINGYAN

林子敬 等 / 著

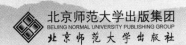

北京师范大学出版集团
BEIJING NORMAL UNIVERSITY PUBLISHING GROUP
北京师范大学出版社

图书在版编目（CIP）数据

学区制改革的十条经验 / 林子敬等著. —北京：北京师范大学出版社，2023.8
 ISBN 978-7-303-29316-2

Ⅰ.①学⋯ Ⅱ.①林⋯ Ⅲ.①教学改革－研究－海淀区
Ⅳ.①G420

中国国家版本馆 CIP 数据核字（2023）第 131042 号

图 书 意 见 反 馈　　gaozhifk@bnupg.com　010-58805079
营 销 中 心 电 话　　010-58802135　　010-58802786
北师大出版社教师教育分社微信公众号　京师教师教育

出版发行：北京师范大学出版社　　www.bnupg.com
　　　　　北京市西城区新街口外大街 12-3 号
　　　　　邮政编码：100088
印　　刷：天津旭非印刷有限公司
经　　销：全国新华书店
开　　本：787 mm×1092 mm　1/16
印　　张：11.75
字　　数：167 千字
版　　次：2023 年 8 月第 1 版
印　　次：2023 年 8 月第 1 次印刷
定　　价：48.00 元

策划编辑：伊师孟　　　　　　　　责任编辑：林山水
美术编辑：陈　涛　焦　丽　　　　装帧设计：陈　涛　焦　丽
责任校对：段立超　王志远　　　　责任印制：马　洁

序　言　学区制吹响教育优质均衡发展的进军号

　　我国基础教育经过长达 40 多年的改革与发展，在义务教育阶段基本上解决了老百姓子女"有学上"的问题，但随之而来的"上好学"的问题却更加艰巨，逐渐演变成中小学"择校"现象，并且愈演愈烈，破坏了教育公平的良好发展生态。全国各地的"择校"问题，从根本上反映区域教育发展不均衡的问题，也反映出区域教育管理体制、机制以及教育治理方式等方面的诸多问题，迫切需要建立新型的现代教育治理体系，从政策导向、法律法规、管理体系和实践操作等层面，着力破解"择校"这一教育难题。

　　进入新时代，基础教育非均衡发展已经成为社会难题，尤其表现为区域间、城乡间和校际的办校差距。在众多的解决教育优质均衡发展的改革方案中，学区制改革脱颖而出，逐渐成为各地教育改革的重点举措。据不完全统计，全国多个省市如北京、四川、广州、广西、河南等地，纷纷探索出了适合本地区发展的学区制改革模式。学区制改革作为破解校际差距的重要"法宝"之一，通过教育管理体系变革，打破学校之间、学校与社会之间的体制"壁垒"，将社会资源引入学校，开门办学，建立学区内部的现代教育治理体系，不断缩减辖区内校际差距，实现优质教育资源共享。

　　学区制改革的思想，最早出现在 2013 年党的十八届三中全会《中共中央关于全面深化改革若干重大问题的决定》报告中，报告明确提出"试行学区制"，将其作为我国义务教育阶段体制创新与机制创新的一项重要举措，标志着我国要将学区制作为新的教育治理模式。2017 年中共中央办公厅、国务院办公厅《关于深化教育体制机制改革的意见》又明确提出要"试行学区化管理，探索集团化办学，采取委托管理、强校带弱校、学校联盟、九年一贯制等灵活多样的办学形式"，表明学区制改革的思想体系、政策依据和功能定位逐渐明确。

学区制是介于区域教育治理与学校教育治理之间的一种新型教育治理体制，是学区地域内各界人士协商共治、探索本区域统筹规划、资源共享融通、区域教育优质均衡发展的新型治理模式。学区制作为一种教育治理体系模型，从区域教育治理单元逐渐走向"家校社"教育资源共享体系。学区制改革冲击原有的教育管理体制和教育评价体系，涉及学区管理权限下移、教育资源重组、教学研究模式创新、教师合理流动等问题。

相对全国其他地区而言，海淀区学区制改革具有鲜明的地方特色。海淀区作为北京市科技教育大区，当地群众对优质教育的需求极为旺盛，区域内优质教育资源供需矛盾突出。由于地域南北跨度比较大，为了便于区域内教育管理，中华人民共和国成立不久就建设有 12 个学区，当时学区大多数建立在中心校里，由中心校校长兼任学区主任，并代管学区管理工作。20 世纪 80 年代末，海淀区又重新在全区小学范围内调整学区化管理，建立"区教委—学区—小学"的三级管理制度。学区主任一般都由学区内部中小学的校长兼任，相当于在教育行政部门和学校之间多了一层管理层级，肩负对所辖区的学校进行组织领导、统筹规划、队伍建设、业务指导、资源整合和督导评价等职能。这样，学区就成为一级教育管理机构，具有承上启下的协调、指导和服务等职能。

在充分借鉴原有的小学学区化管理经验的基础上，2015 年 2 月，北京市海淀区区委、区政府出台和发布了《海淀区学区制改革方案》，依据 29 个街镇行政区划界限，将 122 所小学、77 所中学，根据一定的行政区划，按照地理位置相对集中、办学水平大致均衡的原则，将地区中小学及相关教育资源单位划分为 17 个学区，成为"规划发展、调配资源、方便就学"的教育治理单元，开启了海淀区学区制教育治理体制新模式，在辖区内中小学开展服务、督查、诊断和评价，处理教育行政部门布置的具体事务，发挥统筹、规划、指导、协调和服务等管理职能。这就进一步明晰了学区管理的职能，赋予其承担义务教育统一管理的责任，将学区内的小学和中学统一管理，有效解决区域内的"择校"问题，同时更好地统筹和盘活教育资源，整体提升区域内的教育质量。

新一轮的学区制改革旨在创新教育治理体制机制，完善教育内部治理结构，搭建统筹整合地区内各级各类教育资源的平台，加强学区范围内各类教育资源的整合利用，促进学区内设施、课程和师资等各类资源的共建共享。海淀区学区制改革从政策层面开启了教育体制机制改革的新模式。从纵向上看，海淀区学区制强调在学区内建立现代终身教育服务体系，努力探索保持学前、小学、初中到高中、职业教育、社区教育等教育链条的连贯性；从横向上看，打通了学校和社区单位之间的联系，增强了学校与社会各行各业、与周边社区的跨界交流和协调联动。联动街道和有关单位，统筹协调各方力量，通过组织各种会议、调研、专题研讨等，构筑学校发展与对话平台，共同构建全社会关心教育、协同发展教育的有效途径，初步形成开放办教育的格局。

上地学区管理中心作为海淀区 17 个学区之一，位于中关村科技园区及上地产业基地，具有典型的示范意义。学区内有 4 所中学、5 所小学，学校知名度高，社会教育资源丰富，基础教育整体发展态势良好。辖区内有清华大学、北京大学、北京体育大学等全国知名高校，是以学术、科技、电子信息产业为主导，集科研、开发、生产、经营、培训和服务为一体的综合性高科技产业区。上地学区着力建立辖区内学校与高校、科研院所、高科技企业等良好合作关系，重点推进中小学及驻区单位教育资源的共建共享，盘活资源存量，打破资源壁垒，优化资源配置，帮扶、带动薄弱校，强化优质校特色建设，实现共同发展，学区整体办学质量不断提高。

经过近 8 年的实践探索，上地学区已经构建起政府、学校和社会之间协商共治、共同发展的教育治理新格局，探索政府宏观管理、学校自主办学、社会有序参与、各方合力推进的大教育格局，建立学区与社会融通的现代教育治理体系。上地学区与区域内的高校、科研机构、企业及驻区部队等资源单位建立了融洽的互通机制，把社会资源转化为教育资源，实现教育资源充分、均衡、科学、有效地开发利用。同时，建立了学区内部的教师发展共同体机制。学区通过线上、线下跨校、跨学段、跨学科教研及学科基地建设等形式多样的研修方式，打造具有"上地印记"的教师发展团队，促进区域教育的整体提升。

在教育实践中，上地学区以服务者的姿态，不断挖掘优质教育资源，实现了校社、校际教育资源的融合，缩小了校际教育质量的差距，促进了区域教育的优质均衡，构建了一种全新的"师资优质化、活动一体化、教研整体化、课程多样化、发展特色化、评价多元化"的学区管理与工作模式。学区制改革有效地促进了辖区内教育优质均衡发展，有效缩减了校际差距，合理优化了教育资源配置，有效破解了择校难题，构建了现代教育治理体系，完善了学区委员会各项议事制度，实现了多主体协商共治格局。学区初步建立了政府、学校、社会的和谐的新型关系，社会广泛参与使教育的机制、渠道更加完善。

本书以上地学区管理中心为例，总结了实行学区制改革的十条经验，并提供了丰富的策略模型和实践案例，全面展示海淀区学区制改革的实践探索，以及所取得的经验与成果。上地学区开发出了一种以学区为统领的教育资源整合、优化、共建和共享的教育管理模式，为促进建立学校与社会良性互动的沟通机制和模式提供了典型范例。上地学区秉承多元治理、协同发展理念，以教育资源整合为主要抓手，探索建立了教育资源整合的改革模式，有效整合了辖区内人力资源、课程资源、空间资源等，实现各类优质教育资源的效用最大化，促进区域教育优质均衡发展，走出了一条科技文化发达地区学区制改革的实践创新之路。期待本书的出版，能为学区制改革发展提供理论依据和实践策略，科学推进我国基础教育学区制改革的新突破、新发展。

吴颖惠

北京市海淀区教育科学研究院

前　言

党的十八大以来，以习近平同志为核心的党中央把教育摆在优先发展的战略位置，为办好人民满意的教育不断深化教育改革。同时也明确在目前乃至今后一段时间内，我国教育的主要矛盾是人民日益增长的教育需求和不平衡不公平的教育发展之间的矛盾，发展公平而优质的教育将成为我国今后区域教育发展的主要任务，成为老百姓最关注的民生问题之一。

2017年，中共中央办公厅、国务院办公厅印发《关于深化教育体制机制改革的意见》，明确提出"试行学区制"的改革任务。2018年北京市教委发布《关于推进中小学学区制管理的指导意见》提出，深化中小学学区制改革，加大教育资源的统筹力度，优质教育资源的覆盖面进一步扩大，校际、区域差距进一步缩小，逐步形成以学区为依托的学校、家庭、社会协同育人格局。

在全国深化教育改革的大背景下，北京市海淀区上地学区管理中心在市区各级部门的领导下，通过认真研究、积极探索学区制，摸索出一些做法，总结出一些经验。《学区制改革的十条经验》一书，系统地梳理了学区制改革的发展，论述了学区以立德树人为己任，统筹学区内各类教育资源和社会资源参与学校治理，服务学校发展，促进教师成长，打通教育资源微循环，优化教育资源效益，加大优质教育资源均衡，力争让每一个孩子在家门口就能上好学。

此书能够对教育治理、学区制改革、教育资源整合等领域的专家学者、研究人员，计划试行学区制改革的各省市区县政府、教育行政部门决策人员，以及正在实行学区制改革的学区工作人员带来一定的启示。在构思本书的内容体系时，我们力图体现以下特点。

系统性：上地学区的学区制改革以科学发展观为指导，扎根本土进行顶层设计，聚焦主题分步实施，围绕需求项目推进，通过实践研究形成系统的区域教育发展理论、策略，充分体现教育治理创新，构建了一种新的现代教育治理模式，即政府主导、学区统筹、社会参与、学校共建。这极大促进了教育优质均衡发展。

针对性：学区制改革要解决的问题一般具前瞻性，从教育发展的需求出发，围绕立德树人目标，着眼于体制机制改革，基于上地学区的教育实践，扎根本区域教育经验，蕴含本区域教育风格，解决本区域教育中的瓶颈问题，所以具有很强的针对性。

实践性：学区制改革是具有行动导向的，指向实践改进，关注实践效果，促进区域教育发展。上地学区凝聚了学校、家庭、社会的多方力量，打通其内在的必然关联，就能形成强大的、多元的教育合力，分工明确、职责明晰、方向一致，在实践中不断探索出多元的实践路径，共同促进学校、教师、学生的发展，让上地学区教育高质量发展。

实用性：上地学区归纳总结了实行学区制改革的十条经验，并以丰富的策略模型和实践案例为国内学区制改革提供有益补充，为学区制改革发展方向、政策制定提供实践依据。

本书共梳理总结了上地学区学区制改革的十条经验，每条经验作为一个章节，内容从宏观理论到微观模式，从国家政策到实践的落地，每章结尾提炼概括出经验，以供读者学习、借鉴。经验一到经验三，是对学区制改革发展的梳理，对学区制改革的认识，对顶层设计的明确，对上地学区教育资源整合的总体模式的高度诠释；经验四到经验六介绍学区课程资源、人力资源、空间资源三方面整合策略的实施，具体诠释上地学区教育资源整合的总体模式；经验七到经验九是学生、教师、学校三方面在上地学区教育资源整合下的实践和发展案例，诠释了学区制改革的实效和学区教育教学管理的成果；经验十是对学区制改革的再认识。

本书的整体研究、框架设计、起草撰写、整体审校、修改完善等由林子敬完成，其他人员参与情况如下：经验七，徐硕；经验八，周昊婷；经验九，李海平。特别感谢北京市海淀区教育科学研究院领导、专家给予的指导；在本书写作过程中，学区李静、任超、王春艳、魏铮、刘阳、黄泓博、孙晶晶、马琦等干部教师均参与并支持，在此一并表示衷心的感谢！学区制改革取得的成果也离不开北京市海淀区教育两委的科学规划和系统推进，离不开海淀区各兄弟学区与区域内各中小学的积极探索与实践，在此表示诚挚的敬意与感谢。

对于本书的编写，我们一直在努力，但因能力水平有限，不当之处欢迎读者提出宝贵意见。

目　录　C O N T E N T S

目 录 C O N T E N T S

目 录 C O N T E N T S

经验一　透析学区教育发展背景和历史脉络

　　随着中国特色社会主义进入新时代，我国社会主要矛盾已经转化为人民日益增长的美好生活需要和不平衡不充分的发展之间的矛盾。相应地，教育的主要矛盾转化为人民对优质教育的需要和不平衡不充分的发展之间的矛盾。在当前和今后一段时期，优质均衡仍然是义务教育的发展战略。如何推动教育优质均衡发展，是领导关心、群众关切、社会关注的热点问题。对此，政府出台了一系列政策，在实践层面进行了诸多探索，积累了丰富的经验，形成了学区制、集团化办学、名校办分校、教育集群、委托管理等诸多模式。随着教育治理理论在全球范围内兴起，多元、服务、合作的基本理念影响着我国教育的改革，"学区制"也孕育而生，成为当前教育改革中破解区域教育均衡难题的一项举措。党的十八届三中全会提出义务教育"试行学区制"的部署，各地高度关注积极响应，逐步推行学区制改革试点。以北京市海淀区上地学区为例，在迈入学区制探索之路时，北京市海淀区上地学区管理中心梳理了全国和北京市海淀区学区制改革的背景和发展历程，回望来时路，启航新征程。

一、学区制改革的背景

（一）历史背景

　　2000年，我国总体上实现了"基本普及九年义务教育"的宏伟目标，从根本上保障了广大少年儿童接受义务教育的权利。近年来，随着经济社会的快速发展，人民群众对教育的诉求从过去的"有学上"转向"上好学"。当前，我国仍存在着教育发展不均衡的问题，这成为实现教育公平、改善教育民生、维护教育稳定的一道难题。教育发展不均衡的难题主要表现为区域差距、城乡差距、校际差距和群体差距。其中校际差距主要表现为传统校区制模式下的校际发展失衡。传统的学校办学模式多为单一的校区制，即每个学校单独作为一个办学实体，各自开展各项教育教学活动。这种校区制模式的弊端在于学校与学校间存在"壁垒"，资源共享困难，不利于校际合作，校际发展失衡问题显著。

2013年，党的十八届三中全会发布《中共中央关于全面深化改革若干重大问题的决定》，明确提出"试行学区制"，将其作为我国义务教育阶段体制创新与机制创新的一项重要举措。这是"学区制"一词首次出现在党的重要纲领性文件中，从政策层面标志着党和国家要把学区制作为一种新的教育治理模式。2014年，教育部在《关于进一步做好小学升入初中免试就近入学工作的实施意见》中提出要"试行学区化办学"。这一要求为各地方政府落实十八届三中全会精神提供了实施路径。2014年，中共中央、国务院在《关于深化考试招生制度改革的实施意见》中也提出要"推进九年义务教育均衡发展，完善义务教育免试入学的具体办法，试行学区制和九年一贯对口招生"。2015年，中共中央、国务院印发《乡村教师支持计划（2015—2020年）》的通知，提出"各地要采取定期交流、跨校竞聘、学区一体化管理、学校联盟、对口支援、乡镇中心学校教师走教等多种途径和方式，重点引导优秀校长和骨干教师向乡村学校流动"。2017年，中共中央办公厅、国务院办公厅印发的《关于深化教育体制机制改革的意见》指出，要"试行学区化管理，探索集团化办学，采取委托管理、强校带弱校、学校联盟、九年一贯制等灵活多样的办学形式"。

从这一系列政策的演进可以看出，"学区"的内涵是不断改变的。学区不仅仅指就近入学的范围，还逐渐演化成一种强调资源共享的办学模式，成为完善教育均衡发展体制机制的重要手段。学区从一种教育资源静态存在的区域，向教育资源动态交流的区域治理单元转变；从一所学校对应的服务区域，向多所学校对应的共同服务区域转变。由此，学区制改革不仅成为推进义务教育优质均衡发展的重要举措，也是推进区域教育治理体系和治理能力现代化的重要抓手。学区制改革的出现意味着我国教育管理现代化发展出现了更高级的形态。在推进教育治理现代化的要求下，不断探索学区制改革具有重要的实践意义与理论价值。

（二）现实背景

学区制改革在我国的实践与探索大概有十几年的历史。检索相关文献，最早开始学区制探索的是北京市东城区，该区在学区化管理网络信息平台以及人员培训、资源融通等方面均取得了很好的效果。此外，在北京、广州、西安等地前期试点的辐射引领下，全国越来越多的地区加入学区化管理改革中，如上海、山东、四川、河北、云南等地均根据区域教育发展实际，创造性地进行了学区化管理的实践与探索，取得了一定的改革成效。随着中央层面出台的试行学区制改革，全国各地政府纷纷响应中央政策的号召，相继颁布了试行学区制改革的相关政策。全国多个省市（如北京、四川、广州、广西、郑州等）纷纷探索出了适合本地区发展的学区制改革模式。①不论各地模式如何多样变化，都离不开其主旨，即通过强弱联合、以强带弱、结对共建、校际"联姻"等方式推行学区制改革。各地学区制改革的先期尝试产生了良好的成效。然而，要真正发挥学区管理的功能与价值，原有的教育管理体制、教育发展观念、教育评价机制等都存在一些掣肘因素，反映出一些值得研究反思的问题，可以概括为以下五点：一是政府推行形式化，学区划分缺乏依据；二是学区管理权限不清，资金分配标准缺失；三是教育资源共享利用效果不佳；四是学校发展同质化；五是学区共同办学理念与凝聚力缺乏。

---

① 徐丽丽：《我国学区制改革的问题与对策研究》，青岛大学博士学位论文，2018。

二、北京市海淀区学区制的发展历程

（一）北京市海淀区学区制改革的探索

1. 海淀区教育现实问题

北京市海淀区是中关村国家自主创新示范区核心区、首都中心城区、全国知名的教育文化区和风景旅游区。区域面积 431 平方千米，截至 2021 年年底常住人口 313 万。根据《北京市海淀区人才资源统计报告（2021）》显示，截至 2021 年年底，海淀区人才资源总量达到 199.7 万人，占全市人才资源总量超四分之一。其中，专业技术人才和企业经营管理人才是主体，专业技术人才有 114.4 万，占到全区人才总量的 57.3%；企业经营管理人才有 80.1 万，占比达到 40.1%。海淀区人才密度达到 80.8%，是全国智力资源最为密集的区域。人才赋予海淀创新活力的同时，海淀也源源不断地吸引着更多人才前来就业创业，扎根生活。从地理环境上看，海淀区以百望山为界，分为"山前"和"山后"两大地带。山前是海淀南部地区，发展较早，经济和社会发展程度较高，教育质量相对较高。山后是海淀北部，面积约占海淀区区域面积的 53%，有很多农村居民点用地，发展程度相对较低。2006 年，海淀区政府工作报告正式提出"北部新区"的说法，2013 年海淀区政府提出要将海淀北部新区建设成为中关村创新中心区，但产业基础的缺失和大量村庄的存在，一定程度上放慢了北部地区的发展速度。

在教育领域，海淀教育普及水平领先。1987 年，海淀区普及了九年义务教育；1988 年，海淀区普及了高中阶段教育；1994 年，海淀区被确定为北京市教育改革试验区，在全国率先开展区域性教育综合改革。海淀区一直致力于促进教育优质均衡发展，以满足社会群众，特别是广大人才对子女教育的高位需求。但是，区域内存在经济和社会发展程度的客观差异，导致了教育上的落差，造成了家长需求和供给现实之间的矛盾。

为促进区域教育均衡发展，海淀区提出了名校集团化办学、九年一贯对口直升、学区化管理、大学支持中小学发展等一系列措施，逐步缩小城乡、校际差距。可是即便如此，海淀区城乡之间、区域之间、校际办学水平仍存在一定差距，原有的制度不能满足义务教育均衡发展的要求，迫切需要作出及时调整，顺势而为才不会辜负社会大众对教育的期待。

2.海淀区学区制发展阶段

海淀区实行学区制度的时间较早，在 20 世纪 80 年代末至 90 年代初就在小学实施学区化管理，实行"区教委—学区—小学"的管理体制。海滨区学区制大致经历了以下发展阶段。

第一阶段：自中华人民共和国成立至"文化大革命"前海淀区小学就设有中心校，并由最初的 10 所逐步扩充为 17 所，最多时达到了 21 所。中心校校长除做好本校工作外，还负责协助区教育局管好所属学校，做上传下达的工作，职能上相当于一个片区小组长。

第二阶段："文化大革命"开始后，学校由公社或街道的文教组管理。

第三阶段："文化大革命"结束后，学校回归教育行政部门管理，将中心校体制改为学区领导机构。学区成为独立的管理机构，负责本地区的义务教育全面工作。

第四阶段：1984—1987 年撤销学区机构，恢复中心校体制。

第五阶段：1987 年恢复学区管理机构，并报请市教委同意，明确规定学区为处级机构，高于正科级的小学。学区肩负培训、教研、协调职责。

第六阶段：2007—2015 年，由学区内一所办学水平较高的学校校长兼任学区校长，相当于在教育行政部门和学校之间多了一层管理层级。教委进一步明确了学区的职能，加强学区的规范化管理，提出学区要对所辖区的学校进行组织领导、统筹规划、队伍建设、业务指导、资源整合和督导评价，具有承上启下的协调、指导和服务作用。在海淀区小学教育的发展历史中，学区发挥了重要作用，协助教育行政部门对小学实施有效管理。

随着社会的发展，此时的学区化管理制度暴露了较为明显的问题和不足：一是学段尚未打通，学区只包括小学，不包括中学，不利于有效统筹和盘活共享地域内的教育资源；二是学区划分与街镇的行政区划不对应，全区共有 29 个街镇，分 12 个学区，有的街道辖区学校分属两个学区，有的学区所属学校对应几个街道，学区划分和行政区划交叉，管理机制不畅，导致学区和地方政府在义务教育入学等工作配合上存在一定障碍；三是发展不均衡，各学区小学办学水平还有一定差异，与其相对应的中学资源配合也不够均衡，优质教育资源覆盖率不高，一定程度上加剧了社会上的择校现象。

第七阶段：海淀区的学区制改革，是落实党的十八届三中全会、教育部有关文件精神，以及市教委"鼓励各区县因地制宜探索多种学区制管理模式"的重要举措。学区制改革经过了"调研—试点—推广"的三阶段，逐步构建海淀区现代教育治理体系，推进海淀教育优质均衡发展，提升人民对教育的满意度。

2014 年，海淀区成立了学区制改革领导小组，就学区制改革如何实施等相关现实问题深入开展调研、研究。

2015 年，北京市海淀区区委、区政府经过近 10 轮的论证、征求意见和审议，最终于确定了《海淀区学区制改革方案》，并对方案的落实进行了具体部署。海淀区在原有 12 个学区的基础上，依据 29 个街镇行政区划界限，将 122 所小学、77 所中学划分为 17 个学区。海淀区学区的划分兼顾了科学和合理这两大因素，在充分考虑全区地理位置、地域特点的基础上，主要遵循了以下五个原则：一是与街镇行政区划界限重合，二是学区间规模大致相当，三是按照最新的布局调整情况划分，四是年级部制校区与本校所在学区一致，五是校数依据独立法人资格计算，这开启了海淀区学区制教育治理体制新模式。

2015 年 2 月，海淀区开始学区制改革试点工作，遵循"积极推进、稳步实施"的总体原则，率先在南部的羊坊店学区和北部的温泉苏家坨学区开展学区制改革试点工作，为学区制改革的全面推进积累经验。试点学区的改革取得了初步的成效，一是教育治理的观念深入人心，多元主体的参与成为共识，学区制的推广推动了学区委员会与学区管理中心的正常运作；二是建立完善的规章制度做保障；三是建立良好的沟通机制，明确管理权限，创新工作思路，确保海淀区学区制改革有序稳步进行。

2016 年海淀区通过了全面实施学区制改革的提议，17 个学区成立，海淀区学区制改革进入全面推行的新阶段，学区制改革在预定的轨道上发挥着积极的作用。

（二）北京市海淀区学区制改革的基本原则与组织结构

海淀区学区制改革是落实中央"简政放权、放管结合、转变职能、优化服务"的具体举措，旨在通过完善教育内部治理结构，实现政府宏观管理、学校自主办学、社会广泛参与。学区制改革涉及政府、社区、学校、教师、家长等利益相关方。学区作为各利益相关方的纽带，为学校提供主导性服务，负责各方的协调与沟通，以优质服务促进区域教育优质均衡发展。

1.海淀区学区制改革的现实意义

学区制改革旨在创新教育治理体制机制，完善教育内部治理结构，搭建统筹整合地区内各级各类教育资源的平台，加强学区范围内各类教育资源的整合利用，促进学区内设施、课程和师资等各类资源的共建共享。

学区制改革的意义重大。第一，学区制改革有利于推动教育治理体制、机制创新，构建现代教育治理体系。第二，学区制改革有利于破解择校难题，满足人民群众对优质教育的需求。第三，学区制改革有利于贯通义务教育阶段，促进中小学有机衔接。第四，学区制改革有利于打破资源壁垒，实现优质教育资源重组。

2.海淀区学区制改革的基本原则

海淀区学区制改革的基本原则有四个。第一，资源共享。强化学区范围内各类教育资源的整合利用，加强学区内中小学合作交流，发挥名校、名师的带动辐射作用，促进设施、课程和师资等资源共享。第二，特色发展。鼓励各学校充分发扬自身文化传统，形成各具特色的校园文化和办学风格。第三，优质均衡。统筹协调各类资源，服务教育改革与发展，实现共建共享、协同共进，促进学区内教育资源配置基本均衡。第四，探索创新。结合全区教育改革发展进程，联系区域及学校实际，深入开展调查研究，在总结试点经验的基础上，不断完善工作方案，稳妥推进改革工作。

3.海淀区学区制改革的组织结构

为落实区委区政府文件精神，保障学区制改革顺利实施，海淀区学区制改革要组建学区委员会，建好学区管理中心，全面推动改革。海淀区学区制改革领导小组制定了《海淀区学区委员会章程》（以下简称《章程》），学区委员会的设立是海淀区学区制改革的创新之举，突出体现了教育治理的特色所在。《章程》中明确规定了学区组织体系（如图1-1）、职责等。

图1-1 海淀区学区制改革组织结构图

（1）学区委员会

学区委员会是议事机构，由社区街道办事处、中小学校长、驻区相关单位代表、中小学家长等组成。委员会成员由街道办事处和辖区内中小学推荐产生，并经海淀区学区制改革领导小组审议通过，由海淀区教委会和属地街道办事处共同聘任和管理。职务安排大体如下：委员会设第一主任委员1人，由街道办事处党工委书记担任；主任委员1人，由街道办事处主管文教工作的副主任兼任；常务副主任委员1人，由学区管理中心主任兼任；副主任委员5人，由区政协委员、中小学校校长代表、派出所所长等兼任。其中，主任委员、副主任委员、委员每届任期3年。

学区委员会是具有更大开放性和包容性的区域教育治理机构，对辖区内义务教育改革、发展、稳定等重大事项进行咨询和协调，主要负责协调规划区域内义务教育改革、发展等重大事项。委员会注重调动和发挥驻区各单位的积极作用，统筹资源，形成合力，不断促进学校教育教学管理水平的提高，致力于建设规范、均衡、现代、优质的区域教育。

（2）学区管理中心

学区管理中心是学区委员会秘书处，隶属于海淀区教育行政部门的独立法人机构，为全额拨款事业单位，具有法人资格，独立承担民事责任，学区管理中心主任由区委教育工委任命，接受海淀区教育行政部门直接领导，全面负责全学区管理中心工作。学区管理中心设置15个固定编制，5个经费编制。

学区管理中心接受学区委员会的指导，按照教育行政部门的工作要求，对辖区内中小学开展服务、督查、诊断和评价，处理教育行政部门布置的具体事务；在主管部门和学校之间承上启下，是教育行政部门、学校、社区之间的重要枢纽，发挥统筹、规划、指导、协调和服务的功能。

学区管理中心下设发展规划部、教育教学部和资源统筹部。其中，发展规划部负责调研学区内教育发展现状，为学区的发展提出合理化建议，规划学区未来的发展方向，促进学区、学校高位均衡发展；统筹协调学区内义务教育阶段入学工作，切实保证适龄儿童少年免试就近入学，做好学籍管理工作。教育教学部负责引领、推广先进的教育教学理念，开展区域内教育教学研修活动；服务、支持、协助学校做好三级课程建设；配合上级部门和教育督导室督导评估和质量评价工作；加强学区内干部教师队伍建设，协助主管部门落实干部教师的流动和骨干教师的考核工作；配合区政府教育督导室对学区内学校开展督导评估和质量评价工作，提升学校教育教学质量。资源统筹部负责统筹学区内各类教育资源，推进学区内设施、课程、师资资源共享，构建并完善区域资源共享应用平台；强化学校和驻区单位各类硬件教育资源的整合利用，建立资源融通机制；加强内部管理制度建设，保障日常学区管理工作的开展。

（三）北京市海淀区学区制改革的创新与特色

海淀区学区制是介于区域教育治理与学校教育治理之间的一种新型教育治

理体制，是学区地域内各界人士协商共治、探索本区域统筹规划、资源共享融通、区域教育优质均衡发展的新型治理模式。

1. 海淀区学区制改革的特点

海淀区学区制改革呈现的特点主要表现在以下五个方面：第一，相对均衡，每个学区规模相当，各学区优质教育资源相对均衡，分布合理。第二，机制创新，学区与街镇对应，有利于与地方政府密切合作，协同推进教育发展。学区委员会与管理中心的设置，打通了教育系统与社区、社会的关系。第三，优化治理，以学区委员会章程和学区管理中心章程明确职责边界，清晰的章程为教育工作开展提供了依据。突出学区承上启下的治理功能，九年义务教育一体化管理，未来再融入学前、高中、社区教育等，有利于促进区域教育整体均衡发展。第四，职能较为明确，学区是海淀区教育两委的助手，是学校的帮手，也是区域教育优质均衡发展的推手。第五，学区管理中心的职能定位为统筹、规划、组织、协调和服务。

2. 海淀区学区制改革的创新

海淀区学区制改革从政策层面开启教育体制机制改革的新模式，这种模式的优势体现在纵横两个方面。从纵向上看，海淀区学区制强调在学区内建立现代终身教育服务体系，努力探索保持学前、小学、初中到高中、职业教育、社区教育等教育链条的连贯性；从横向上看，学区制注重"优质均衡"和"特色发展"，强调学区内各中小学及驻区单位各级各类资源共享共建，盘活资源存量，打破资源壁垒，优化资源配置，帮扶、带动薄弱校，强化优质校特色建设，实现共同发展。

海淀区学区制改革力求推开两堵"墙"：一是推开学校和社区单位之间的"墙"，增强学校与社会各行各业、与周边社区的跨界交流和协调联动；二是推开中小学之间的这堵"墙"，中小学协同研究人才贯通培养、开展中小学课程与教学衔接的机会增多，构建起学校发展共同体。具体体现在以下三个方面。第一，有利于教育两委决策部署高效落实，三级联动有序运转。学区作为教委的助手，需要不折不扣地贯彻落实教育两委各项决策部署，发挥区域精细化治理特点，组建"区级—学区—学校"三级联动工作团队，联动街道和有关单位，统筹协调各方力量，圆满完成工作任务。第二，有利于学校教育活力发展，构建校际关系新模式。学区可以通过组织各种会议、调研、专题研讨等，促进中小学校长和各分管领域的管理干部加强联系、增进感情、经验分享，构筑学校发展与对话的平台，建立学校发展共同体，激发各类型学校的办学活力，同心协力追求高品质教育。第三，有利于社会各界支持教育，促进开放办教育。通过学区委员会联席活动，拉近教育与各行各业之间的距离，政府及社会各界对地区教育的了解会更加深入，共同构建全社会关心教育、协同发展教育的有效途径，初步形成开放办教育的格局。

经验小结：

作为区域教育治理的一种形式，学区制为促进区域教育发展提供了新思路。分析学区教育发展背景和历史脉络，可以明确国家和地方实行学区制改革的意义与目标和学区制改革的基本原则、组织结构、创新特色，为区域实行学区制提供参考和经验，促进区域教育均衡发展。

经验二　明确学区教育发展的顶层设计

不谋万世者，不足谋一时；不谋全局者，不足谋一域。我国的改革事业十分重视顶层设计和总体规划，强调理性、统筹和全局观。同样，在学区制改革之路上，"摸着石头过河"是远远不够的，必须统筹考虑，统揽全局，加强顶层设计。上一章提到，北京市海淀区学区制改革划分了17个学区，上地学区为其中之一。为落实学区制改革要求，推进区域教育优质均衡发展，上地学区基于学区教育改革和发展实际，根据《北京市海淀区"十三五"时期教育改革和发展规划》和《北京市海淀区上地学区管理中心章程》，制定了《北京市海淀区上地学区"十三五"时期教育改革和发展规划》，以更好地推动教育资源的整合与共享，建立并完善区域教育治理体系，服务于区域教育高位优质均衡发展的目标。

一、了解学区教育发展顶层设计的必要性

顶层设计的概念来源于工程学，其定义是：从最高端向最低端、从一般到特殊展开系统推进的设计方法，它为将复杂程序设计破解为功能描述、反思推进和重新调整提供了一个规范方法。顶层设计的理念应用于各行各业，其定义也各不相同。[①] 结合当前教育实际，我们比较认同纪大海提出的概念，即顶层设计就是自上而下、自高端至低端层层系统推进的设计方法。具体讲，顶层设计就是用系统方法，以全局视角，对各要素进行系统配置和组合，制订实施路径和策略。

① 参见纪大海：《顶层设计与教育科学发展》，载《中国教育学刊》，2009（9）。

对于学区而言，顶层设计是区域教育能否科学、长远发展的必要条件，是基于区域教育实际和特色而进行的中长期谋划和高位部署，对区域教育的宏观和微观发展起到了至关重要的指导作用。

（一）确保方向正确

目标明确不走冤枉路。教育的发展容不得半点的含糊，学区在教育发展中首要问题就是要进行精准定位，要结合职能所在制定明确的发展目标，采取科学和灵活的手段进行系统性、层级性的推进。而顶层设计正是区域教育发展的重要保障，确保我们在落实各种教育方针、政策、措施和要求的过程中不变形、不跑偏、不受外界因素干扰，能够准确把握教育发展的本质和核心理念，确保区域教育发展的方向性。

（二）确保实施精准

路径清晰是达成目标的有效途径。如果说顶层设计决定了学区教育发展的前进方向，那么清晰的发展路径和有效的实施策略是助推目标达成的核心要素。在落实顶层目标的过程中，学区应该建立起有力的保障机制，积极发挥区域协同发展的优势，不断优化资源配置，细化工作方法，把顶层目标逐层分解到每一个步骤，通过顶层设计明确不同实施阶段的组织措施，确保区域教育在发展的关键问题上有的放矢。

（三）确保可持续发展

人无远虑，必有近忧。顶层设计强调系统的完整性和整体规划，强调对象内部要素之间围绕核心理念和顶层目标所形成的关联、匹配与有机衔接。全局统筹、长远谋略，对于学区教育的发展而言尤为重要，是促进区域教育改革、推动教育治理、提升改革效果的有力保障。好的顶层设计可以引导区域教育向良性的轨道发展，可以促进区域教育的迭代升级，为区域教育的可持续化发展提供良好的教育生态环境。

二、分析学区教育发展优势与困境

学区制改革是新形势下推进义务教育优质均衡发展的重要部署，也是破解当前教育难题的重要举措。海淀区教委通过对学区合理的机构设置和职能划分，借助财政保障机制、督导机制和信息沟通等运作机制，有效地行使对学区的系统行政管理，以实现本区域资源共享融通及教育的统筹规划和优质均衡发展。

在发展的进程中，每个学区都有自己的特色和情况，发展之路不尽相同。了解学区发展现状，把握学区发展优势与不足，可以更好地作出判断和决策。下面以上地学区为例详细介绍。

（一）学区教育发展优势

为有效开展学区教育发展的顶层设计，在成立之初，学区针对教育发展的内部现状和外部条件进行深度调研，其中内部现状包含区域内中小学师资力量情况、中小学课程设置情况、中小学空间资源现状，外部条件包含系统外人力资源情况、课程设置情况和空间资源条件，得到一手数据并加以分析，了解上地学区教育发展的优势和困境。

上地学区作为对应3个街道的新建学区，区域内有4所中学、5所小学，学校知名度高，整体办学水平强，被百姓评价为"金牌学区"，基础教育整体发展态势良好，具体表现如下。

第一，区域内品牌名校较多。上地学区内拥有多所名校，在海淀区、北京市乃至全国都具有很大影响，其中办学理念、创新机制、课程建构都引领全国的教育改革发展。

第二，教师队伍素质较高。从学区整体来看，教师年龄主要集中在36～50岁，小学高级及中学一级教师约占全体教师的二分之一，中学高级教师约占全体教师的四分之一，其他教师约占全体教师的四分之一。同时，上地学区目前特级教师总数为 25 人，市级学科带头人共有 23 人，高素质的师资队伍为办学水平的提升夯实了基础。

第三，办学基础设施较好。目前学区内部分学校具有较为丰富的空间资源，如体育类的篮球馆、足球场、羽毛球场、跆拳道馆等，艺术类的舞蹈厅、合唱厅、管乐厅等，为学生的全面成长提供了良好条件。

第四，学区治理模式创新。学区管理中心的职能定位为统筹、协调、服务，旨在更加注重"优质均衡"与"特色发展"，强调学区内各中小学及驻区单位各级各类资源共建共享，学区整体提升。与此同时，上地学区委员会由上地街道党工委书记担任第一主任委员，成员包含各中小学校长、各街道派出所所长及多家企业代表、家长代表，这样的构成有利于构建政府、学校、社会新型关系，有利于深化教育领域综合改革，推进区域内义务教育优质均衡发展，提升学区教育治理体系和治理能力现代化。

第五，社会教育资源良好。上地学区地处中关村科技园区及上地产业基地，辖区内有清华大学、北京大学、北京体育大学等全国知名高校。全国知名大中型企业众多，是以学术、科技、电子信息产业为主导，集科研、开发、生产、经营、培训和服务于一体的综合性高科技产业区。上地学区内各学校和高校、科研院所、企业都有良好的合作基础。

（二）学区教育发展困境

上地学区教育发展存在诸多优势，但与此同时也面临着一些困境，具体体现为学区内部资源丰富但分布不均、学校外部资源使用情况不佳等。

1. 学区内部资源丰富但分布不均

"有学上，上好学"是义务教育均衡的重要要求。随着区域的经济快速发展，上地学区面临的挑战主要体现在学位问题和质量问题两个方面。

首先，上地地区在 20 年前是发展较为落后的城乡接合部，如今上地地区已成为北京高新企业聚集中心之一，吸引了大量创业者来到上地生活，且周边回迁社区逐年增多，区域内人口增长过快。迄今，本区域内只有两所区属公办小学，每年入学可协调的学校和学位不足。

其次，由于区域内人口构成也在不断发展变化，除了传统的高校人群之外，一般社会人群以外来务工、本地农村人口为主，在快速地向由创业人士、白领和IT人员等组成的新的人群分布过渡。这样的过渡也带来了对教育资源的不同诉求，对优质教育资源的需求更高。

最后，上地学区学校人力、课程、空间设施资源方面整体水平较高，但由于历史和经济等因素的影响，优质资源过多集中于区域内高校附属学校和部分较为优质的公办学校，存在优质资源校际分布不均的问题，部分学校仍然需要一定的帮助。

2.学校外部资源使用情况不佳

学区制改革最终的落脚点是促进区域义务教育均衡发展，而实现教育均衡发展的必由之路是整合区域教育资源，打破区域内资源壁垒，包括校际、学校与社区、学校与驻区单位等。目前，上地学区区域内、外的优质资源都比较丰富，然而现阶段对于这些资源的使用情况却不太乐观。

（1）区域内学校外部资源丰富，但有待开发

如前所述，上地学区辖区内顶尖高校云集，且上地地区是高新科技产业核心区，区域内不仅有多家全世界知名的高科技企业，还有几百家全国知名科技企业单位。但现有调查结果显示，高校资源主要提供给了附属中小学，多数企业没有与学校建立深度联系，区域内校外资源还没有得到很好的整合与利用。

（2）区域外学校外部资源丰富，使用率低

上地学区各校能接触到的各类区域外社会资源也十分丰富，理应利用地缘之便将丰富的社会优质资源引进校园。但在学校资源引进的过程中，对于大学、高端科技企业等资源的应用意识还较弱，且受到了经费使用、课时要求、教师对接社会资源的能力等多个方面的限制，导致区域外社会资源使用率较低。

面对以上形势和挑战，上地学区必须加强顶层设计、发挥优势、探寻策略、破解难题，探索海淀区学区制改革的本土化道路，力争缩小校际差距，实现上地学区教育高位优质、均衡发展，办人民满意的、更加公平的教育。

三、体现学区教育发展的目标和原则

（一）学区教育发展的目标定位

在海淀区"十三五"教育规划中提出的"初步建成高水平均衡化教育强区"发展目标的指导下，上地学区期待建立优质教育资源共享融通机制，扩大优质教育资源辐射范围，从而提升义务教育服务标准、转变教育服务方式，真正实现以此推动学区范围内义务教育高位均衡发展。由此，"十三五"时期，上地学区教育发展的总体目标是：2020年，初步建成高水平均衡化的教育学区，形成均衡、优质、创新、开放的教育总格局，为上地地区建设具有全球影响力的人文、科技创新示范区提供基础教育服务支持。

一是教育发展优质均衡。实现上地学区教育高位优质均衡发展，力争学区学业水平达到新高。校际差距进一步缩小，教育资源配置更加优化，人民群众对优质教育的需求得到基本满足，义务教育阶段学生在优质学校就读率达90%。择校难题得到破解，教育公平的保障机制更加健全。

二是教育治理规范高效。推进学区制改革，构建现代教育治理体系，完善学区委员会各项议事制度，实现多主体协商共治格局。基础教育领域中政府、学校、社会的新型关系基本形成，学区功能得到充分发挥，学校依法自主办学权利得到更好保障，社会广泛参与支持教育的机制、渠道更加完善。

三是教育资源融合共享。教育资源融通机制逐步完善，课程资源实现整合统筹。干部教师资源区域内实现流动，各单位年度交流人数不低于符合交流选派条件的专任教师的10%，校级骨干教师交流人数的比例不低于20%。学区内学科基地、实践基地、场馆基地等硬件设施资源基本实现共享，区域资源共享应用平台建立并发挥作用，区域内国民教育体系和终身教育体系实现协调与融通。

四是学校师生持续发展。2020年学区教师数量和质量能够满足学校发展需求，市、区、学区级骨干教师和学科带头人比例达到45%，结构合理、师德高尚、业务精良的教师队伍基本建成。学区干部教师队伍的能力和专业化发展水平持续提升。学生思想道德、科学文化和身心健康素质明显提高，学生的社会责任感、法治意识、创新精神和实践能力显著增强，应用型人才和创新型人才培养能力进一步提高。

五是教育影响力不断扩大。教育的开放程度和国际竞争力显著增强，教育在发挥上地地区吸引和聚集高端人才中的作用更加明显。信息化助推教育现代化的能力不断增强，功能齐全、服务高效的智能化教育服务体系基本建立，开放与共享数字教育资源。

（二）学区教育发展的基本原则

为了创新学区治理的制度机制，统筹协调学区内各级各类教育资源，构建良好的区域教育发展生态，上地学区在教育发展过程中坚持服务学校、提高质量、统筹协调、改革创新、依法治教的原则。其中，上地学区把服务学校作为首要原则，旨在凸显学区管理中心的服务职能，努力为学校建设和师生成长提供必要的支持和帮助。

一是坚持服务学校原则。深入调研学校发展需求，关注师生全面健康发展需要，为学校建设和师生成长提供必要的支持和帮助。加强促进学校发展的平台建设，密切学校间的交流与合作，优化教育资源配置，为学校提供优质服务。

二是坚持提高质量原则。提高质量是教育改革发展的核心任务，坚持树立科学的人才观、育人观、学校发展观，以学生为主体，以教师为主导，以可持续发展为导向，深化区域教育改革，完善质量标准和评价体系，提升教育品质。

三是坚持统筹协调原则。立足上地教育实际，统筹学区内各级各类教育资源协调发展。统筹推进课程设置、教师培养、资源共享等改革举措。树立协同发展思路，统筹学区优势资源，构建协同发展机制。

四是坚持改革创新原则。遵循教育规律，坚持以改革创新激发教育活力，鼓励学校创新，学习借鉴一切有益的改革经验，以深化教育领域综合改革为契机，大胆探索，确保上地教育核心竞争力。

五是坚持依法治教原则。增强法治观念，强化依法治教意识，提升依法治教能力，全面推进依法行政和依法治校。遵循管办评分离的思路，形成教育评价机制，构建多元主体参与的现代教育治理体系。

四、锁定学区教育发展的主要任务

学区制改革的初衷是解决义务教育发展不均衡的问题，强调在互助合作、资源共享的基础上消除差距，实现区域教育的优质均衡发展。秉承多元治理、协同发展理念，学区积极推动区域资源从"校内单一资源"转变为"学区集体资源"，推进学区范围内师资均衡配置机制建设，促进学区教育资源共建共享机制的发展。

在系统分析"十三五"期间上地学区面临的机遇和挑战的基础上，上地学区制定了"十三五"期间教育发展的主要任务，涵盖学区治理、资源整合、立德树人、课程改革、队伍建设、教育评价、对外交流合作等方面。

（一）深化教育综合改革，完善学区治理模式

高质量完成各项教育领域综合改革任务。学区深入分析上地学区空间布局和学龄人口变化趋势，做好学区发展战略规划，提升义务教育入学服务精细化管理水平，切实满足适龄学生接受教育的需要，促进义务教育公平发展。

立足于学区功能定位，学区积极稳妥地推进学区制改革，推进区域教育治理体系的构建。学区充分发挥学区委员会职能，优化学区教育资源配置，构建并完善区域资源共享机制，形成学区地域内各界人士协商共治良好局面；充分

发挥学区管理中心职能作用，配合教育两委加强学区内学校规划和建设，探索建立学区内部管理、质量监控、资源共享的新方式、新途径。

（二）发挥资源整合职能，建立资源共享融通机制

学区积极发挥优质学校、优质学科、优质师资的辐射带动作用，支持各校间开展合作办学、学科共建、同步教研等活动，促进优质教育资源共建共享。

学区进一步丰富完善学区教育资源供给体系，发挥上地学区文化、科技创新资源聚集优势，进一步挖掘大学、高新企业服务基础教育发展的潜力，拓宽高校、高新企业与学校开展相关教育合作的途径。

学区促进教育与互联网深度融合，培育"互联网＋教育"新型发展形态。学区建立课程、人力、硬件设施资源协同共享机制，充分利用信息化手段实现学区教育资源的采集、管理和推送，建立开放、多元、交互的在线教育资源管理与公共服务体系。

（三）全面落实立德树人，推进德育一体化进程

学区加强顶层设计，系统规划基础教育德育课程，创新德育实施形式，使德育工作系统化、体系化、具体化，探索德育与学生核心素养培育有效结合的途径。学区更加注重培养学生的个人修养、社会关爱、家国情怀，更加注重学生自主发展、合作参与、创新实践，增强学生的社会责任感、创新精神和实践能力。

学区不断优化校内育人环境，统筹校外优质德育资源，基本确立各学段相互衔接、校内外合作共育，家庭教育、学校教育、社会教育三位一体的育人机制，基本形成多方参与、互相配合的德育工作格局。

（四）深化基础教育课程改革，提高学区课程供给能力

学区推进中小学各学段、各学科课程内容的有机衔接，协同学校研究走班

制背景下课程设置的基本方式，鼓励学校开设高质量、丰富多彩的选修课程。构建学区层面的综合实践活动课程和主题式学习课程体系，并向学校开放，提高学生综合运用知识、解决实际问题的能力。

学区加强服务学校的意识和能力，深入调研学校课程需求，聘请课程建设领域专家提供课程开发指导，加大课程资源供给侧改革力度，研究学有特长学生"学区协同"培养机制，与大学等资源单位多方合作，根据学区实际，开发、整合、开放一批特色课程供学校使用。

（五）加强教师队伍建设，提升教师专业发展水平

学区建立区域教师专业发展常态机制，依据《中小学教师专业标准》的要求，提升广大干部教师的职业精神和专业素养。学区结合上地学区实际制定学区干部教师研修制度和年度计划，提升教师的业务能力和水平。学区与海淀区教师进修学校合作，整合研修资源，优化研修内容，创新研修模式，强化干部教师研修的针对性和实效性。学区通过专题培训、下校指导、课题研究、课堂诊断等多种方式，提升干部和教师的教学领导能力、教学设计能力、课堂驾驭能力、总结反思能力。

学区探索实施学区内干部教师轮岗交流制度。学区鼓励优秀干部教师到薄弱学校任教。教师职称评定、学科带头人和骨干教师评选时，有交流轮岗或有到薄弱学校任职经历的优先考虑。针对部分学校教师流动性大、教师紧缺现象，学区建立学区教师储备库，深化师资队伍供给侧改革，为学校改革发展提供人力支持。

（六）探索研究教育评价机制，科学构建教育评价标准

学区协助政府教育督导部门做好教育评价和学校评估工作。学区成立学区督导工作小组，监督、指导、促进学校切实履行教育职责，提高教育公共服务能力和水平，依法自主办学，规范办学行为，全面实施素质教育，努力提高教

育质量。学区探索建立第三方教育评估监测机制，全面提升教育评估监测水平。

学区研究中小学生综合素质评价标准，开发学生成长的评价指标，逐步建立基于学生全面发展的评价体系。学区强化学生成长的动态评价，突出道德品质、兴趣特长、心理健康和体质健康等方面的监测和评价，建立入口学业水平和学段成长监测机制。学区促进学校发展性评价标准深入交流，发现、保护和支持学校特色发展。

（七）扩大对外交流合作，提升教育国际化水平和质量

学区积极扩大教育开放，加强与国内外教育发达地区的交流与合作，积极参与国际教育合作项目，加强与国内外教育同行的对话，形成多层次、宽领域、有影响的对外交流与合作新格局，扩大上地学区教育影响力。

学区开展务实性、深层次的教育互访和合作，逐步建立国内外教师培训和学生交流基地，提高教师专业化和国际化水平，增强学生国际视野。学区在学校课程体系、校园活动、实践活动中突出国际化主题和元素，立足本土化和民族化，注重培养学生的全球意识与跨文化理解能力。学区支持引进境外优质教育资源，支持学区优质教育资源向区外、境外拓展。

五、凸显学区教育发展重点项目工程

为进一步扩大优质教育资源受惠面，缩小校际的办学差距，促进区域义务教育均衡发展，海淀区全面推进学区制改革，并在"十三五"时期明确了教育改革的重点方向。结合海淀区"十三五"时期教育发展规划，上地学区聚焦教育改革和发展中的重大问题和主要任务，确定了"十三五"期间上地学区拟实施的一系列重大项目，即"两大工程，五大平台"项目。

（一）推行"全民健康"工程

2016年8月习近平总书记在全国卫生与健康大会上提出"没有全民健康，

就没有全面小康"，不可否认，目前我国中小学生体质健康堪忧。所以，无论是学校、学区，还是社会、家庭，首要关注的是每位学生的身体健康。由此，上地学区开展了"全民健康"工程，从三个方面保证学生的身心健康。

首先，学区关注每位学生的身体健康，确保体育课时和学生锻炼时间，提升体育课堂教学质量，推进中国传统体育项目进校园，培养学生良好的锻炼习惯和多样的体育爱好。学区统筹区域运动场馆资源，开展校园足球、冰雪运动等特色体育项目，建立教师体育活动俱乐部，建立学区学生体育活动和竞赛机制。

其次，学区建立学生体质动态监测机制，采集体质健康数据，初建师生健康档案，提高体质监测在学校评价中的权重，为师生提供符合年龄特点的锻炼方案和健康建议。学区在学校和社区广泛开展健康教育，鼓励以师生、家庭、邻里为单位的亲子体育、社区体育等集体体育交流活动，支持学生的校外体育活动，通过学生激活、联动学区的全民健康运动。

最后，学区加强心理健康教育，关注师生心理健康。学区建立心理健康教育中心，建立干部、教师、学生心理健康数据库，做好对师生的心理健康知识和心理问题科普工作；与专业机构合作，开展心理咨询师实训指导培训，为随班就读的特殊学生及班级教师提供支持与帮助。

（二）打造"全民阅读"工程

2014 年 3 月，国务院政府工作报告提出"倡导全民阅读"。阅读使人受益终身，阅读对一个人、对一个民族意义重大。一方面，为建设书香学区，上地学区成立学区"阅读工程"工作小组，制订年度阅读活动方案，通过"校园朗读者""书籍漂流箱""书籍跳蚤市场"等形式，在教师、学生中广泛开展读书活动，形成互相交流、共同学习的良好读书局面，全面提升学区内师生思想道德素质和科学文化素养。另一方面，学区协助街道、社区推进"全民阅读"工程，通过各种主题亲子读书活动，调动居民的读书积极性，提升辖区居民文化素养，努力践行社会主义核心价值观。

（三）开拓"五大平台"

在总结以往的区域教育资源整合案例的基础上，上地学区意识到教育资源整合能力不足与社会主体教育投入意识淡薄是两大关键问题。根据学区管理中心"统筹、服务"核心职能定位，上地学区管理中心作为服务方为学区内各校提供支持服务，以项目推进，创建上地学区教育资源供给大平台，共包括以下五大平台。

1."互联网＋教育"资源共享平台

全面构建教育资源的融通供给与常态化应用新模式。上地学区计划建成"互联网＋教育"网上服务平台，统筹学区内课程、人力、硬件设施等优质教育资源，为学生、教师、家长、学校提供丰富多样、可选择的学习交流和预约服务。

学区探索"互联网＋教育"环境下的课程、教学、学习的新形态、新生态，为学生时时学习、处处学习、个性学习提供课程资源和环境支撑。

完善政府主导、部门协作、社会参与的推进机制。学区不断丰富和完善平台服务功能，做好资源信息的搜集、定期维护和常态更新工作，保证平台信息真实、有效、便捷，为各校提供强有力的办学资源支持。

2.教师专业发展平台

学区成立教师专业发展共同体，建立研训一体的工作机制。学区开展基于问题和实践导向的教学研究，鼓励学校和教师积极参与教育改革实验；探索基于学科建设的学区首席教师制，充分发挥区域内高素质优秀教师的辐射带动作用，促进课堂教学质量的改进和提升；创设促进优秀青年教师脱颖而出的机制和环境，打造教育人才聚集高地。

学区采用灵活多样的方式做好教师流动工作，探索建立学区内教师访学制度，统筹研修资源，发挥学区在区—学区—学校三级研修机制中的纽带作用。

学区开展学区教师研修改革试点工作，探索基于学区的教师继续教育"学分银行"制度，深入调研教师研修需求，丰富学区内教师研修方式，通过线上、线下的跨学校、跨年段、跨学科的教研方式，形成上地学区常态化教师研修机制。

3.特色课程供给平台

聚焦学生发展核心素养，学区建立供给式课程体系。学区鼓励学校开发精品课程，建设上地学区精品课程资源库；开设学区主题课程，为区域内学生提供互动、参与的课程平台；建立区域文化、科技、体育社会资源课程，开发学生综合实践基地及项目，鼓励传统文化进校园，落实学生发展核心素养。

4.学区智库服务平台

学区发挥委员会委员的作用，聘请热心教育的各界人士，成立上地学区教育改革与发展智库，包含学区委员会、学术委员会、企业界三方面的人才资源，鼓励他们围绕学区发展战略、教育教学改革、资源融合共享等重大问题献计献策。上地学区适时举办改革与发展论坛，发布各学校有代表性的改革成果，促进学校的改革成果在学区内进行分享、转化，服务于学校的发展。

5.对外交流合作平台

学区开展多渠道对外文化教育交流，为学校提供借鉴国外素养教育、创新能力培养和教育均衡发展等学习交流平台。学区在师资培训、学科研讨等方面开展互补式合作，加强教育、教学、科研和管理队伍的国际化视野培养，积极参加各类国际教育质量和教师教学质量评测活动。

学区支持区域内优质教育资源向境外拓展，支持有条件的中小学与国外学校建立友好关系，适时引进外国优质学校教育资源，帮助学校做好校际互访、合作办学等服务工作。

总体而言，上地学区力图克服以往区域教育资源整合实践中的路径依赖问题，打破以往教育投入中的惯性思维和习惯做法，创造性地通过"五大平台"，多角度、全方面地保证区域教育资源整合的有效性。"十三五"期间，上地学区以教育资源整合为主要抓手，探索建立了教育资源整合的上地模式，涵盖人力资源整合、课程资源整合、空间资源整合等方面，以实现各类优质教育资源的效用最大化，促进区域教育优质均衡发展。

经验小结：

在学区教育发展中，顶层设计至关重要，基于区域教育实际而进行的长远谋划和精密部署，关乎区域未来教育的发展方向，对区域教育的宏观和微观发展起到了决定性作用。

经验三 探索学区教育资源整合总体模式

教育优质均衡发展的本质是追求教育平等，实现教育公平，教育均衡是教育需求与教育供给的相对均衡①，有效整合优质教育资源是实现教育公平与高质量发展的基础。教育公平包括起点公平、过程公平和结果公平，通过对优质义务教育资源的整合，使不同出身、不同经济状况、不同区域的受教育者共享区域内优质教育资源，实现教育的起点公平；通过对优质教育资源的整合，使每一个受教育者加入教育工程中来，平等地享有教育过程中的基础性教育资源和提升性教育资源，实现教育的过程公平。在这个过程中，发挥政府调控和学校自主能动性，借助多种有效的资源整合模式，可以实现区域优质教育资源配置的相对均衡和平等，进而实现教育公平。值得注意的是，这种公平不是低水平的公平，而是有质量的公平，借助整合使品质较好的教育资源不断发展、提升与扩大，不断提升区域教育资源整体的品质，使更多受教育者从中受益。可见，教育资源整合能够使优质教育资源不断丰富和充分利用，实现资源的效用最大化，优质教育资源的价值得到范围和程度的提升，进而推进区域教育优质均衡发展。

一、教育资源整合的依据

有效整合教育资源的最终目的是推进学区基础教育优质均衡发展。进行教育资源的深度整合，一个重要的前提是了解教育资源整合的相关概念和基本理论，明确资源整合的意义与价值。

---

① 参见翟博：《教育均衡发展：理论、指标及测算方法》，载《教育研究》，2006（3）。

（一）教育资源整合的概念界定及理论基础

1.教育资源

教育资源是各级各类学校从事教育、教学活动的基础和条件，也是实现教育目的的重要保障。有研究者认为，"学校教育资源"是指一所学校拥有的人力、物力、财力等各种要素的总称。还有学者认为，学区管理中的教育资源主要包括硬件资源（物质资源）、人力资源和知识资源三个子要素。[①]硬件资源是指特色活动场室等硬件设施，人力资源是指名师、名校长、教坛新秀等，知识资源是指要充分发挥学区教研组织的作用。[②]如果从资源的基础含义进行推演，教育资源就是指开展教育活动所需要的一切基础和条件，并且从内容上看，可分为教育人力资源、教育物力资源、教育财力资源、教育授权资源、教育空间资源、教育制度资源、教育学术资源、教育声誉资源等。[③]

2.教育资源整合

资源整合的基本思路就是将资源视为一个系统，通过对系统各要素的加工与重组，使之相互联系、相互渗透，形成合理的结构，实现整体优化，协调发展，发挥整体最大功能，实现整体最大效益。

教育是一个资源相对比较密集的领域，学校更是各种资源的聚集之地。教育资源整合不是一般物理意义上的结合，而是一种近似化学意义上的结合，同时它又是一种创新，可以产生各构件都不具有的新功能和新效益。当把教育资源作为整合的客体时，意味着选择相关独立的资源，以某种方式进行横向集聚，使之成为能够满足需要的新的资源组合。对于区域教育而言，资源整合就是在区域这个相对于国家范畴而言的子系统中，合理安排区域内的各种资源，这种合理安排既包括对现有区域内教育资源的重新排列组合，使其达到最佳状态，还包括对于外部支持系统的经营和管理，这样可以为区域注入更多的资源，从

---

① 参见郭丹丹：《学区化办学中资源整合的风险与路径》，载《人民教育》，2015（15）。
② 参见蔡定基、周慧：《学区管理内涵与实践——以广州市越秀区为例》，载《中国教育学刊》，2010（8）。
③ 参见谭贞：《国外优质教育资源的引进与模式进化》，载《教育与经济》，2007（3）。

而使区域教育达到质的飞跃。下文的教育资源整合是指所在学区的人力资源、课程资源和空间资源的重新组合和优化。

（二）教育资源整合的功能与特点

1. 教育资源整合的功能

资源整合必须具备两大基本功能，即优化结构和提高效益，这两大基本功能同时也是教育资源整合工作开展必须遵循的基本原则。所谓优化结构就是结构合理化和结构高级化发展的过程，在区域基础教育资源整合研究中，优化结构就是实现区域基础教育资源整合结构与区域基础教育资源供给结构、区域基础教育资源需求结构、区域基础教育资源效能结构相适应的状态。具体指区域基础教育资源所有者之间协调能力的提高和沟通水平的提高，通过区域基础教育资源整合，影响区域基础教育资源的供给结构和需求结构，改变或清除原有结构中影响发展和稳定的不合理部分，增加对结构发展和稳定有用的部分，或者说利用节省的资源填充原有空缺的部分。总之，区域基础教育资源整合中的优化结构功能，就是使区域基础教育整体水平和区域基础教育资源的利用效率向更高层次不断演进的趋势和过程。所谓提高效益，就是提高区域基础教育资源本身的直接效益和区域基础教育资源利用过程中产生的间接效益，具体指通过将原有的资源加以充分利用与合理分配，提高资源利用效率和使用价值，提高效益从主观上看是区域经济与社会发展的物质保证，从微观上看是行业或产业不断进步的标志。

2. 教育资源整合的特点

（1）以体现公益性为核心价值的公共性

公益性是教育的本质特点，"百年大计，教育为本""教育兴国"等口号和国家方针政策无不揭示了教育对国家、民族的重要作用，教育为国家培养人才、为民族复兴奠定基础，教育在资源配置、投资兴办、监督管理等方面均由国家负责、全民受益，因此，公众受益是教育资源最为集中的体现。维护教育的公益性是我国宪法和法律赋予各级政府、社会组织和每个公民的责任和义务。国家和政府的责任是在制定涉及教育的法律法规时，要在保证公正公平的前提下，首先考虑以教育资源的投入使用方式来确保公益性。教育资源的公益性的实现是教育本质的根本体现，也是教育资源的核心价值所在。

（2）受市场价值规律支配的产业性

市场经济发展规律要求各种社会资源的配置必须以创造效益为前提，教育的产业属性是人类社会进入知识经济和市场经济时代的必然产物，教育内容、教育要求和教育模式的变化决定了教育的产业化发展趋势。教育是人类社会活动的重要组成部分之一，构成了一个独立、庞大、复杂，具备多重性、动态性、层次性和特殊性的社会结构群体，教育既有社会公益性，也具有市场经济引导下的产业性，而教育资源的产业性，则是教育物质属性的客观特征。

（3）客观上的差异性

经济发展不均衡是我国区域经济发展的客观事实，东西部区域差异明显，教育资源配置是以国家调控为主的资源配置模式，教育资源的规模取决于区域经济发展水平，同时，社会经济发展不同水平的区域对人才需求的程度也不尽相同。因此，教育资源具有客观上的差异性，教育资源的差异性是由社会经济发展的不平衡性所造成的教育资源分布的不平衡性、管理体制和供给方式的差异性、社会对人才需求的不同等原因形成的。教育资源是教育发展的基础，教育资源的差异性直接导致教育活动的差异性，并在教育的不同层面构成了教育目标、教育规模、教育效果的差异。教育资源的城乡差异、教育资源的地区差异，构成了我国教育发展的主要矛盾，主要体现在教育投入的差异、教育条件的差异、教育设备的差异、教育人均经费的差异、师资水平和教师收入的差异以及教学质量的差异。教育资源配置的差异性，直接影响我国教育的均衡发展，影响我国教育公平的实现，是制约国家教育战略实施的关键因素。

（三）国内外区域教育资源整合的模式

教育资源整合过程在时空上构成了一个共享系统，这个系统有一定的内在结构和运行机制。不同的整合系统有着不同的共享结构和运行机制，即共享模式，而不同的模式所适宜运行的环境或者条件也不尽相同，因此，概括和归纳教育资源整合模式对于提升资源共享的效率和效能具有重要意义。

1.国内教育资源整合模式比较

国内教育资源整合模式大致分为四类。一是类别置换模式，是国家或地方教育部门根据教育布局调整需求，变更原有学校的教育性质和教育职能，这种模式在实际中很难发挥对教育资源整合的效力。二是中外合作办学模式，这种模式自20世纪90年代迅速在我国发展，在一定程度上解决了我国优质基础教育资源分配不均衡的实际状况，但学校在发展过程中"水土不服"现象依然很明显。三是集团化办学模式，主要是指为了促进现有教育资源的整合以及优化配置，通过以一个或者若干个发展比较好的学校（名校）为核心，利用相互联合和共建等形式，把两个或者两个以上的独立法人主体，以产权为纽带或者以契约为纽带的方式组合起来，建立一个具有优势互补的较大规模的、多层次的、多形式的教育经济联合体。四是学区制办学模式，即通过区内各校共同搭建交互平台，实现优质教育资源共享，从而缩小区域内学校间的差距，是一种中心拉动、以强带弱、共同发展、整体推进的均衡发展策略。

2.国外教育资源整合模式比较

国外的教育资源整合模式也各具特点。德国的义务教育主要是由德国联邦、州以及各地方政府主导，职能分工呈现一种纺锤式的结构，即以州政府为主，地方政府和联邦政府为辅。[①] 从整合方式来看，德国的义务教育是均衡的教育，这种均衡体现在教育资源的绝对均衡分配上，是配置上的公平。[②] 德国在资源配置上追求统一，统一的主体、统一分配的教育经费、统一分配的师资

---

① 参见孙进：《德国促进基础教育均衡发展的政策分析》，载《教育发展研究》，2012（7）。
② 参见于瑶：《优质义务教育资源整合研究》，硕士学位论文，沈阳师范大学，2016。

力量、统一分配的课程等，各州政府的均衡分配带来了各州教育的均衡发展。英国曾实行义务教育改造，政府通过推行具有强制力的法律法规来保障义务教育中薄弱学校的权利，辅以倾斜性的政策法规和补偿机制。英国在1997年提出了针对农村薄弱校改造的"教育行动区计划"，教育行动区是由教育大使提名一所教育薄弱学校，然后以自愿的方式，申请共同组建教育行动区，并选取一些业务水平过硬的教师、具有代表性的家长或社区人员担任行动区管理成员。行动区可以凭借着大量的资金，面向社会聘请最优秀的管理人和最优质的教育团队。同样，美国也曾实行义务教育改造，美国政府、市场和民众，三方共同参与，在改造过程中构成稳定关系体。美国政府不直接干预义务教育的展开，而是通过"教育资金的拨款、教育标准的确立、教育质量的监管、办学资格的审查等方式"来负责对教育的监管。美国政府非常注重优秀教师的培养和公平分配，其认为优秀的教育者可以改变来自底层的学生的命运，还设立教师教育的专款专项资金，鼓励教师和专家到薄弱区域去，比较重视对基础性优秀教育资源的分配。

3.教育资源整合的主要形式

结合国内外教育资源整合相关研究，可以归纳出政府主导型、市场主导型、非营利组织型、混合型四种主要的教育资源整合模式。这四种模式是教育资源整合过程中比较典型的模式，每一种共享模式都有其优势和劣势以及共享的约束条件，因而在学区、学校资源整合中选择哪种模式要视学校所处环境和该模式受限的条件而定。

上述国内外教育资源的整合模式为上地教育资源的整合提供了有益的借鉴，但每种模式均有其优势和不足，也有其各自的适用条件。具体来说，政府主导模式无法解决各学校动力不足的问题，市场模式需要以健全的市场机制为前提，非营利模式面临社会组织发育不成熟的问题，混合模式则面临不同模式整合的问题。因此，并不存在一个成熟的放之四海而皆准的模式可供上地学区照搬套用，上地学区必须借鉴各种模式的优缺点，从自身的资源禀赋和实际情况出发，探索适合自己学区的资源整合模式。综观上地教育资源情况，主要有以下几个特点：一是学区优质教育资源总量丰富，但分布不均，校际差异较大；二是学校与学校之间的优质资源相对分散，有待整合共享；三是学校与社区相对隔离，对社区的教育资源开发利用不够；四是教育资源整合的模式相对单一，资源整合模式有待多元化。因此，适应上地学区实际情况的教育资源整合模式的探索势在必行。

二、上地学区教育资源整合总体模式

上地学区在教育资源配置上有着得天独厚的优势：一是区内名牌学校较多，二是教师队伍素质较高，三是社会教育资源良好，四是办学基础设施较好，五是学校治理模式创新。虽然具有上述良好的发展基础，但目前学区仍存在着学位少、发展不平衡等问题。通过开展学区内教育资源深度整合研究，整合各种教育资源，充分发挥教育治理主体各方优势，扩大优质教育资源的覆盖面，实现上地学区义务教育高位、均衡、持续发展成为当务之急。

（一）上地学区教育资源整合的基本原则

1.坚持问题导向

找准问题才能有的放矢。上地学区整合教育资源坚持的基本原则就是问题导向，为此，学区开展了下沉式走访调研，认真分析区域教育发展现状，找准学区教育资源存在的问题。通过开展学区教育资源调研，撰写了《上地学区资源调查报告》《上地学区教师专业发展现状调研报告》《上地学区教育教学干部调研问卷报告》《上地学区学位情况调研报告》等调查报告，并通过 SWOT 分析法，明确了区域教育发展的优势与不足。其中，区域学位紧缺，部分学校办学空间不足，区属公办学校优质师资匮乏及区域教育系统内、外资源缺乏深度整合等四个问题最为显著，这些问题是上地学区资源整合的出发点和着力点。

2. 坚持因需服务

整合学区教育资源的最终目的在于推进学区基础教育优质均衡发展，资源整合要充分考虑政府的需求，考虑学区内学校发展对教育资源的需求、学生全面发展对教育资源的需求，以及教师专业发展对教育资源的需求。因此，结合"学习者、服务者、探索者"的工作定位，上地学区坚持因需服务，依据海淀教育两委工作要求和学校、教师、学生实际需求，确定资源整合的方向和目标，确保学区教育资源的实用性和有效性，以更好地完成工作职能，推进区域教育整体发展。

3. 坚持分类整合

要实现上地学区教育优质均衡发展，就需要学区从资源供给方角度合理规划区域教育资源，通过协调、重组现有教育资源实现配置优化；扩大优质资源覆盖面，妥善解决区域内校际差距，实现优势互补；不断补充、挖掘社会教育资源，解决优质资源的供需矛盾。基于区域实际，上地学区将教育资源整合内容锁定在人力资源、课程资源、空间资源三类教育资源上。其中，以课程资源整合为核心，带动人力资源和空间资源的共享，以实现区域各中小学由资源分散的独自发展到资源整合的整体发展。资源整合过程中，学区按照分类整合的方法确定各类资源整合的策略。

（二）上地学区教育资源的定位

1. 融通性

海淀区学区制改革赋予了学区打通学校与学校间、学校与社会间壁垒的职能和使命。由此，上地学区认为，学区教育资源应包含教育系统内部资源和教育系统外部资源，通过资源整合，实现教育系统内外各类优质资源的融通，通过协调、重组现有教育资源实现配置优化，在区域范围内增加优质教育资源的供给，解决优质资源的供需矛盾。

2. 共享性

上地学区认为优质的教育资源应具有共享性，在学区推进下将某一学校或社会优质教育资源辐射到全学区各校和师生、家长，以促进资源在区域范围内的流动，实现优势互补，扩大优质资源覆盖面，提高优质资源利用率，以满足学区范围内更多学校、师生、家长对优质教育资源的需求。

3.持续性

上地学区认为，优质的教育资源对于学校发展和师生成长具有重要的意义，从长远角度而言，要实现上地学区教育优质均衡发展，学区不仅要盘活区域资源存量、丰富教育资源供给，更重要的是需要实现优质教育资源运转的系统性和连贯性，建立有效对接、联络、投放机制，避免资源因某一学校负责人的变动而削弱，因学校自身发展受限而消弭。

（三）上地学区教育资源整合的主要机制

1.组织运行机制

上地学区是隶属于海淀教委的独立法人机构，下设发展规划部、教育教学部、资源统筹部三个职能部门。其中，资源统筹部的主要职能是统筹学区内各类教育资源，推进学区内设施、课程、师资资源共享。此外，学区成立了"学区委员会"，由社区街道办事处、中小学校长、驻区相关单位代表、中小学家长代表等组成，其职能之一是统筹协调各级资源单位，推动资源共享。

学区是海淀教育两委的助手、学校的帮手、区域教育发展的推手，这决定了各个部门之间必须相互联动、密切配合、形成合力。随着学区职能不断延展，上地学区确定了"党政工团队是旗帜，发展规划是统领，教育教学是核心，资源统筹是服务"的部门职能定位，资源统筹部全方位支持服务于各部门。

2.协同发展机制

为整合学区内教育资源，上地学区围绕现代教育治理理念，集中相关利益群体逐步建立了协同发展机制。在为学区各校服务的治理过程中，学区对学校、教师、学生的发展和正常教育教学秩序做到参与不干预、到位不越位、帮忙不添乱，将工作重心确定为整合优质教育资源以解决各个层面存在的热点问题、难点问题和需求问题，协同学校持续发展、协同教师专业发展，协同学生终身发展。

3. 制度保障机制

制度化建设的价值在于把具有随意性的关系转化为具有稳定性的关系，即长期的、明确的合作关系。学区制定"务需"制度，一是应教育两委之"需"，不折不扣地完成行政部门的各项决策部署；二是建立需求台账，每学年初以不同形式向区域各校校长、干部征求意见，并将各校的需求纳入学区年度工作计划中，调动资源支持学校的发展。同时，学区制定"征集"制度，每学期初向区域内各校征集面向学区开放的教育、教学、教研、党群等活动，并梳理汇总成为学区"共享开放"课程表下发至各校，以鼓励各校扩大优质资源辐射面，打破学校与学校之间的壁垒，促进校际、学段间的交流、融合与共享。

4. 项目带动机制

资源整合的关键在于资源的合理配置和有效使用。上地学区围绕"培养什么人、怎样培养人、为谁培养人"这一教育根本性问题，结合区域教育改革和发展中的重大问题和主要任务，以面向师生、丰富多彩的项目活动为抓手，推进资源的挖掘、配置与使用，以确保资源开发有方向、资源整合有目标、资源投放有路径，使菜单式的资源"活起来"，为推进教师专业发展和学生终身发展发挥更大作用。实施组织育人项目，召开学区少代会，让理想信念在新时代少先队员心中生根发芽；实施科技创新项目，开展创想大赛、科技节活动，吸引全社会共同关注创新人才培养；实施阅读工程项目，开展"阅享上地"活动，营造全民阅读、文化滋养的良好氛围；实施体育健康项目，组织学区足球联赛，成立学区足球联队，普及足球运动，推广校园足球文化。

在上述机制保障下，上地学区积极发挥优质学校、优质学科、优质师资的辐射带动作用，支持校际开展合作办学、学科共建、同步教研等活动；同时深入挖掘社会资源，将其转化成教育资源，逐步构建起包含人力资源、课程资源、空间资源的上地学区资源框架（图3-1），促进优质教育资源共建共享，打造高位优质均衡、特色鲜明的上地学区。

学区内部：优秀校长
　　　　　学校干部
　　　　　骨干教师

学区外部：学区委员会
　　　　　学术委员会
　　　　　教育志愿者

学校特色课程
学区主题课程
社会实践课程
国际交流课程
融媒体微课程

物理空间：学校内部空间和社会外部空间
　　　　　（多媒体教室 专业教室 企业展馆 体育馆 实验室 ……）
网络空间：互联网资源平台

图3-1　上地学区教育资源框架

经验小结：

　　教育资源整合能够推进优质教育资源不断丰富和充分利用，进而推进区域教育优质均衡发展。学区应通过组织运行、协同发展、制度保障、项目带动等机制，汇集具有融通性、共享性和持续性的优质资源，构建涵盖课程、人力、空间等资源的区域教育资源框架，促进优质教育资源共建共享。

经验四　创建学区课程资源整合策略

对课程资源的开发利用是新课程改革的重要内容之一，也是实现新课改的必要条件。在学区制改革的背景下，学区需要发挥区域性优势，协同区域各校一起，积极主动开放学校，走进社区和社会，挖掘多种课程资源，丰富课堂教学，满足学生需要，落实课程改革目标，培养符合国家发展和社会需要的人才。北京市海淀区上地学区认为学区课程应具有区域性、育人性、贯通性、主题性等典型特征，应成为学校现有校本课程的有力补充。上地学区提出了课程资源整合策略的 SCA 模型，通过开放式供给学校优质课程资源、渠道式供给社会现有课程资源、联盟式供给社会待开发课程资源，构建起"五育并举"的学区课程资源体系。

一、学区课程资源整合的依据

（一）理论依据

1. 协同理论

德国著名物理学家赫尔曼·哈肯在 1971 年提出了"协同"概念，并于 1976 年创立了协同理论，其主要由协同效应、伺服原理和自组织原理三部分构成。该理论作为一种系统理论，主要研究远离平衡态的开放系统在与外界有物质或能量交换的情况下，如何通过自己内部协同作用，形成耦合关系，在时间和空间上从无序结构自觉走向有序结构。[①] 该理论认为，系统内各要

---

① 参见张忆雯：《协同理论视域下职业院校"双师结构"教学团队的内涵及建设路径》，载《教育与职业》，2021（15）。

素之间通过有意识地整合后协同运作产生的整体效果要大于各部分总和的效果，也就是说，协同后会达到"1+1＞2"的效果。学者斯坦克和凯勒指出，协同就是两个或两个以上成员或组织共同工作，拥有共同愿景，通过分享资源以达到共同的目标。① 协同理论在企业管理、教育教学、计算机相关专业等学科领域均有应用，主要强调"主体多元化、资源共享化、行动协同化"等管理理念。②

实行学区制改革后，上地学区及各校成为一个系统，在协同理论的指导下，抱着区域教育优质均衡发展的共同愿景，上地学区与各校协同工作，开发、整合、分享课程资源，实现整体和局部的全面提高和发展。

2. 课程统整理论

霍普金斯是课程统整理论的重要代表人物，他于1937年发表论著《课程统整：理论与实践》。从概念的性质来看，学界关于课程统整的界定可以归纳为三类，分别是作为课程内容组织方式的课程统整、作为课程开发方式的课程统整、作为课程哲学的课程统整（如表4-1所示）。③

表 4-1　课程统整的基本内涵

概念类型	维度	代表人物	核心问题
作为课程内容组织方式的课程统整	横向组织	泰勒；李子健，黄显华；古德	经验的结构化
	纵向组织	沃尔弗格；黄政杰；奥恩斯坦	

① Stank, T.P., Keller, S.B., Daugherty, P.J., Supply chain collaboration and logistics service performance, in *Journal of Business Logistics*, 2001(1).
② 参见邱兴波、郭进超、武亮等：《协同理论下应用型高校本科实践教学信息化管理机制优化研究》，载《中国教育信息化》，2021（17）。
③ 参见刘登珲：《课程统整的概念谱系与行动框架》，载《全球教育展望》，2020（1）。

续表

概念类型	维度	代表人物	核心问题
作为课程开发方式的课程统整	学科中心	乔克布斯，弗戈瑞	学科知识的系统化，学科之间的联系，学段之间的衔接
	儿童中心	霍普金斯，周佩仪	人格健全，学习者与课程开发者统一，知行合一
	社会中心	瓦尔斯，比恩	个人与社会的统一，课程开发中的权力结构，合作协商的民主氛围
作为课程哲学的课程统整	哲学信念	欧用生，艾斯贝克	课程范式的转换

刘登珲认为，从价值上看，课程统整致力于追求学科教学价值、育人价值与社会价值的统一。上地学区借鉴作为课程开发方式的课程统整模式，开展区域课程资源整合实践。

从理论层面看，教育公平理论强调起点公平是教育公平发展的关键，共享发展是化解资源配置不均衡、资源闲置等问题的有效途径；协同理论强调组织内部成员在共同愿景的指引下，分享资源，实现共同目标；课程统整理论强调课程资源的整合，这些理论均从不同角度为上地学区课程资源的整合实践提供了理论基础。

（二）政策依据

1.《基础教育课程改革纲要（试行）》

在"我国基础教育总体水平还不高，原有的基础教育课程已不能完全适应时代发展的需要"的判断下，教育部制定《基础教育课程改革纲要（试行）》，大力推进基础教育课程改革，调整和改革基础教育的课程体系、结构、内容，构建符合素质教育要求的新的基础教育课程体系。

文件明确提出，要积极开发并合理利用校内外各种课程资源。学校应充分发挥图书馆、实验室、专用教室及各类教学设施和实践基地的作用；广泛利用校外的图书馆、博物馆、展览馆、科技馆、工厂、农村、部队和科研院所等各种社会资源以及丰富的自然资源；积极利用并开发信息化课程资源。

2.《关于全面深化课程改革　落实立德树人根本任务的意见》

2014 年，教育部出台了《关于全面深化课程改革　落实立德树人根本任务的意见》。该文件指出，当前高校和中小学课程改革从总体上看，整体规划、协同推进不够，与立德树人的要求还存在一定差距。因此，文件提出四项总体要求和十项关键领域与主要环节，强调整合利用各种资源，统筹协调各方力量，统筹课堂、校园、社团、家庭、社会等阵地，广泛利用社会资源，科学设计和安排课内外、校内外活动，营造协调一致的良好育人环境。

3.《北京市实施教育部〈义务教育课程设置实施方案〉的课程计划（修订）》

2015 年，北京市教育委员会发布了《北京市实施教育部〈义务教育课程设置实验方案〉的课程计划（修订）》的通知，新修订课程计划强调，中小学各学科平均应有不低 10% 的学时用于开展校内外结合的学科实践活动课程。该类课程既可以某一学科内容为主，也可综合相关学科开展，鼓励广大社会资源单位参与课程建设。综合实践活动课程要充分利用中小学生社会大课堂实践基地、高校、科研院所、博物馆、科技馆、展览馆、纪念馆、企业、社会团体等社会单位资源，进行校内外结合的综合实践活动课程设计。

4.海淀区学区制改革

在国家和北京市课程改革要求的基础上，海淀区学区制改革对各学区提出了课程资源开发整合的具体要求。时任海淀区委教工委副书记、区教委主任陆云泉提出，在资源整合中，各学区管理中心要注重将资源转化为课程，要将综合实践课、校外课程抓起来，要开发学区的校外课程，课程供给覆盖全学区所有的学生。

二、学区课程资源的定位

（一）区域性

海淀区学区制改革强调地理区域性，依据与街镇行政区划界限重合等原则划分，旨在创新治理体制、机制，完善教育内部治理结构，搭建统筹整合地区内各级各类教育资源的平台，加强学区范围内各类教育资源的整合利用，促进学区内设施、课程和师资等各类资源的共建共享。因此，区域性成为上地学区课程观的重要组成部分。根据课程资源分类，区域性有两层含义：一是上地学区课程区别于学校课程，是基于区域特点开发整合而成的校外课程；二是上地学区致力于最大限度地开放利用区域内各校的校内课程资源，努力实现区域内现有课程资源共享。

（二）育人性

教育部课程改革意见指出，要充分认识全面深化课程改革、落实立德树人根本任务的重要性和紧迫性。课程是教育思想、教育目标和教育内容的主要载体，集中体现国家意志和社会主义核心价值观，直接影响人才培养质量。因此，上地学区在资源整合实践中坚持育人性，高举中国特色社会主义伟大旗帜，推动社会主义核心价值观进教材、进课堂、进头脑，着力培养学生高尚的道德情操、扎实的科学文化素质、健康的身心、良好的审美情趣，努力使学生具有中华文化底蕴、中国特色社会主义共同理想、国际视野，成为社会主义合格建设者和可靠接班人。

（三）贯通性

课程的贯通性，一是指横向贯通，即课程资源的开发和整合应该联合学校、学区、高校、驻区社会机构组成多元化的课程资源协同开发利用机制，发挥不同群体视角优势，提高课程资源的覆盖面和整合程度，使学区课程目标与社会发展需要、与课程改革相适应的考试招生评价制度有机衔接，充分体现教育规律和人才培养规律。二是指纵向贯通，即把课程资源看作陪伴学生成长的重要教育支架，从学生整体发展出发，打破学段限制和学科限制，对基础教育课程进行一体化、贯通式顶层设计，充分发挥各级各类课程的整体性育人功能。

（四）主题性

为全面落实以学生为本的教育理念，适应不同学校和学段学生发展的需求，上地学区认为课程应具有主题性，即充分发挥学科间综合育人功能，开展跨学科、跨学段的主题教育教学活动，体现多学科、多角度、多层次、多选择、多实践等特点。实现从"知识"走向"素养"，从"碎片"走向"系统"，从"封闭"走向"开放"的整体目标，将学区课程的教学空间由学校、课堂拓展到家庭、社区、社会，把课程内容与社区服务、研究性学习与社会实践相结合，形成学校、教师、学生、家庭、社区、社会全方位的教育互助，最终指向学生核心素养的形成与提升。

三、上地学区 SCA 课程资源整合模式和成效

通过前期科学调研，结合整合实践经验，上地学区探索出一条有效的整合路径，最终形成了课程资源整合策略的 SCA 模型（图 4-1）。通过模型可以看出，上地学区聚焦"五育并举"，开放式整合学校优质课程资源、渠道式整合社会现有课程资源、联盟式整合社会待开发课程资源，从而统筹与共享区域教育系统内外优质课程资源，实现课程建设的区域推进。

图 4-1　上地学区 SCA 课程资源整合策略模型

（一）开放学校优质课程，实现校际课程资源共享

区域性是上地学区课程观里一项重要的内容，其中学区致力于最大限度地开放利用区域内各校的校内课程资源，努力实现区域内现有课程资源共享。因此，上地学区重视"区域共享的优质课程"的建设，打破校际壁垒和学段壁垒，学区各校合作共建富有创新特色的课程，有效地利用优质课程资源，形成校际课程资源整合共享、贯通育人的聚集效应。

上地学区名校云集，每所学校都有自己的阅读课程，都高度重视阅读教学，开展丰富多彩的阅读活动，其中以 C 校最为突出。由北京市海淀区教委国际交流与合作办公室主办的"成志儿童国际论坛"是"海淀教育与世界对话"系列活动之一，目的是构建一个国际化的儿童文学阅读教育交流平台，C 校作为承办校，在论坛中积极展示本校优秀的阅读课程和成果。于是，上地学区与 C 校决定将学校阅读课程面向全学区开放共享，从"学校所有"升级为"学区所有"，成为学区各校学生同上课、同展示、同进步的学区阅读课程，实现优质学校课程资源的辐射作用，同时带动区域内各小学合力打磨精品阅读研究课。在论坛的上地学区分会场，学区各小学语文教师也呈现了精彩的阅读课程。

（二）打通"校社"沟通渠道，汇集社会现有优质课程资源

上地学区优质社会资源丰厚，大学、企业等都有着前沿、丰富的教育课程，学校也对新鲜的课程资源注入有现实需求。但由于缺乏学校与社会沟通的渠道，社会课程资源难以转化为学校教育资源，学校的真实需求和声音也难以传递到社会层面。于是，上地学区力图打通学校与社会沟通的渠道。在课程资源整合中，上地学区将渠道这一概念引申到教育领域，指社会课程资源通过学区这一平台供给至各校。学区通过广泛吸纳社会课程、筛选优质课程、菜单式呈现课程等步骤，为学区各校供给大量优质的文化、科技、体育类共计110余门社会课程，实现学校随用随取。

（三）建立区域教育联盟，多方主体协同研发课程

联盟原指不同集体为共同行动而联合。为协同打造各校所需的主题类、实践类课程，为高校输送更多适应其培养方向的优秀学生，培养更多适应国家、区域发展需求的人才，上地学区主动与社会各方主体建立联盟，将社会待开发的优质资源转化为学区课程资源，实现协同育人和联盟主体共同发展、共同获益的多重效应。

1.主题类课程吸引学生广泛参与

主题类课程即围绕一个主题，借助环境和多方资源，构建一系列活动的课程，为中小学生延伸、拓展与整合知识、经验提供了广阔的天地。上地学区与资源单位联盟开发主题类课程，不仅符合学区各校课程需求，更充分考虑到学生和学校的个体差异性，以多学科、多平台、多资源融合的方式，激发了学习者的学习积极性和自主性，以更好适应学生、学校发展要求和社会发展需要。

例如，自2017年起，上地学区与中文在线集团建立联盟，共同研发"书香上地"阅读主题课程。通过开展"经典"学科阅读、"特色"主题阅读和"多彩"阅读实践，打造书香学区。课程汇集了朗读、演讲、戏剧、阅读实践等系列内容，还提供了线上图书馆、主题阅读书单等阅读素材供给。再如，上地学

区与北京体育大学建立联盟，结合各校重点体育项目，协同研发足球主题课程。线上开设了"满天星"足球微课程，线下开设日常和寒暑假的足球训练课程，高水平的课程和教练资源极大地补充了学校、教师、学生所需，协同开展学校足球特色发展、足球运动普及和足球人才培养。

2.实践类课程协同培养创新人才

实践类课程是中小学生认识社会、认识职业、认识专业学科的直接途径，优质的实践类课程开发要求产、学、研、用多方主体间有效合作联动，合力开发课程，协同培养人才。根据学校课程资源需求和区域资源特点，上地学区从建设"创新型国家"全局战略高度出发，与科技园区、科技馆、大学实验室等建立联盟，共同开发聚焦创新人才培养的多门实践类课程，协同培养创新人才。

学区与北京科学中心协同研发馆校课程。科技馆拥有丰富的展览教育和科普人才资源，擅长通过科学性、知识性、趣味性相结合的展览内容和参与互动的形式，普及科学知识，渗透科学思想、科学方法。其中，北京科学中心是隶属于北京市科学技术协会的大型科技场馆，具有科学传播、科技教育、科技交流、科技成果展示四大功能。其主展馆"三生馆"以"生命乐章""生活追梦""生存对话"为脉络，面向公众进行科普教育展览。上地学区充分利用这一优质社会资源，与北京科学中心建立联盟，合力开发、开设馆校课程。

学区与科技园区企业协同研发科技园区课程。上地学区坚持为党育人、为国育才，协同解决创新人才培养问题。在北京市大力创建全国科技创新中心、发展"三城一区"的背景下，学区实地深入走访中关村科学城等科技园区，聚焦十大高精尖产业，与联想集团、华为北京研究所、科大讯飞等企业合力开发科技园区课程。课程整体着力打造《上地学区科技园区课程综合实践活动手册》，根据不同园区、企业开发个性化实践内容和专属题目，目前已开发完成七本实践活动手册分册。

学区与高校实验室协同研发实验室课程。大学实验室是十分宝贵的教育资源，中小学生提前认识了解大学实验室，有助于其认识学科、专业，帮助其树立学习目标，努力成为符合高校需求的人才。清华大学基础工业训练中心是清华大学校内最大的学生工程实践基地，有着丰厚的优质软硬件实践教学资源。上地学区与清华大学基础工业训练中心合力开发了实验室课程——"STEAM教育系列课程之创客清华大学 i.Center 创新教育实践"，课程内容包括智慧交通、未来城市、太阳能循迹小车、智能家居、酷玩电子、挑战自我、智能机器人、愤怒的小鸟等，学生们可以在这一综合训练营中边玩边学。

上地学区以课程开发推进者、学校需求与社会课程供给渠道的打通者和课程内容开发者等供给侧角色，解决学校校本课程开发中人手不足、社会教育资源利用不充分的现实问题，最大限度地利用教育系统内外优质课程资源，促进不同主体间相互协作、共同发展。学区围绕"五育并举"，联合 20 余家资源单位和区域各中小学开发、整合课程资源，构建了高、精、尖的学区课程资源体系，与现有校本课程链接、互补、共生，给予学校、师生充分选择的机会，在一定程度上弥补了校本课程的不足，实现了课程资源配置的统筹优化，有效推进教育公平。学区已成功向各校学生每次投放 70 余门课程，涉及党史教育、科技创新、阅读、足球、戏剧、职业认知等多个门类，包含线上微课程和线下授课、实践等多种课程形式，吸引参与的学生近 7 万人次，学区课程的辐射范围进一步扩大，应用效能大幅提升。

经验小结：

从理论和政策要求出发，学区需要整合区域课程资源。学区课程资源应具有区域性、育人性、贯通性、主题性，可以聚焦"五育并举"，开放式整合学校优质课程资源、渠道式整合社会现有课程资源、联盟式整合社会待开发课程资源，从而统筹与共享区域教育系统内外优质课程资源，实现课程建设的区域推进。

经验五　构建学区人力资源整合策略

人才决定企业经济效益，人才用活了企业会更有活力。同样，对于教育而言，有效盘活区域内外的人力资源、构建成熟有效的人力资源体系，对于整个区域教育的优质、均衡发展起到关键作用。上地学区作为学校、家庭、社会等多元治理体系的综合体，在探索人力资源整合策略的过程中因地制宜，一方面充分利用包括优秀校长、学校干部、骨干教师在内的区域内部人力资源；另一方面广泛吸纳与区域教育发展相关的专家、学者、企业导师等外部人力资源，实现内部人力资源与外部人力资源的有机融合，为区域教育的高质量发展提供有力的人力资源保障。

一、学区人力资源整合的依据

（一）理论依据

1. 人力资源理论

人力资源理论的核心概念是人力资源，是相对物质资源而言的，它指的是人所拥有的诸如知识、技能及其类似可以影响从事生产性工作的能力。人力资源也是一种生产要素资源，是经济增长的重要源泉。

从一定意义上说，教育系统是一个投入—产出系统，它接受外界多元因素（如人力、财力、物力、需求等）的输入，经过内部的运作过程，输出教育效益，从而对整个社会经济发展产生长远的影响。那么，如何让教育资源中第一资源——人力资源发挥最大的效能，为教育的高质量发展提供有力的人力资源支撑，是需要深入思考的问题。

2.人力资源开发理论

人力资源开发顾名思义就是不断发掘、培养、发展和利用人的智慧、知识、经验、技能、创造性、积极性。具体是指一个企业或组织团体在现有的人力资源基础上，依据企业战略目标、组织结构变化，对人力资源进行调查、分析、规划、调整，提高组织或团体现有的人力资源管理水平，使人力资源管理效率更高，为团体（组织）创造更大的价值。区域教育发展中的核心竞争力是人才，人力资源的高效开发与有效管理是教育创新和持续发展的动力。

（二）政策依据

自改革开放以来，国家共出台了六十余份与义务教育师资相关的政策文件，涵盖顶层设计、教师待遇保障、教师培训、管理制度、教师交流、乡村与偏远地区师资等六大方面[①]，内容均涉及义务教育师资均衡配置，由此可见师资建设在义务教育均衡发展中的重要性。同时，在我国打造"人人有责、人人尽责、人人享有"的社会治理共同体大环境下，学区人力资源的范围变得更为广阔。

1.《中共中央　国务院关于全面深化新时代教师队伍建设改革的意见》

《中共中央　国务院关于全面深化新时代教师队伍建设改革的意见》中提到：百年大计，教育为本；教育大计，教师为本。坚持兴国必先强师，要深刻认识教师队伍建设的重要意义，教师是教育发展的第一资源，是国家富强、民族振兴、人民幸福的重要基石。

2.《国务院关于深入推进义务教育均衡发展的意见》

《国务院关于深入推进义务教育均衡发展的意见》将"合理配置教师资源"作为推进义务教育均衡发展的重要内容。要从师资的三方面属性来看合理配置教师资源的内涵：师资有数量、质量和结构三个方面的属性，在数量方面，包括专任教师数量、师生比等；在质量方面主要指教师的知识结构、学历水平、

---

① 参见朱月华：《新中国成立70年来义务教育师资均衡配置政策的演变路径及展望——基于渐进主义模型的分析》，载《教育科学研究》，2020（1）。

职称水平、科研能力、教学能力等；在结构方面指教师的性别结构、年龄结构、学科结构等。合理配置义务教育教师资源，保证师资数量充足、质量均衡、结构合理，是促进区域义务教育优质均衡发展的重要保证。

3.《国家教育事业发展"十三五"规划》

《国家教育事业发展"十三五"规划》也提到"十二五"时期特别是党的十八大以来，我国教育改革发展取得了显著成就，但当前我国教育发展还存在着不平衡、不协调的问题，优质教育资源总量不足、布局不合理。其中，区域内义务教育优质师资总量不足、分布不合理，以及骨干教师培养力度不足、发展机会不均衡等问题，是义务教育优质均衡发展过程中出现的问题。

二、学区人力资源的定位

（一）精准性

《人民日报》曾发文指出"推进供给侧结构性改革需要高度重视精准问题"。上地学区作为区域人力资源的供给方，在整合学区人力资源的过程中应突出精准性，依据国家与社会的发展需求和学校与师生的发展需求挖掘、筛选人力资源，提升"供给"与"需求"的匹配度，避免人力资源的闲置与浪费，使人力资源供给更有效率、更加精准匹配需求。

（二）专业性

"专业"指高等学校或中等专业学校所分的学业门类或产业部门中所分的各业务部分。曹玉珊、陈力维将"人才专业性"定义为"某种员工能够被重新分配至其他岗位或者被其他员工替代的程度"，该程度越高，则"专业性"越低。[①] 根据上地学区教育发展实际，在推进区域教育优质均衡发展过程中，上

---

① 参见曹玉珊、陈力维：《员工持股计划、人才专业性与企业有效创新》，载《当代财经》，2019（5）。

地学区需要专业性强的专家、教授、学者、企业领导、技术骨干等高端人才，为区域教育发展提供专业支持和指导，促进区域教育的内涵和高品质发展。

（三）流动性

师资均衡作为学区制改革中的重要要求，是缩小校际教育质量差异的关键基础。教师流动指教师从一种工作状态到另一种工作状态的变化，工作状态可以根据工作岗位、工作地点、服务对象及其性质等因素来确定。上地学区认为，学区内部人力资源应具有流动性，通过在一定范围内合理的教师流动，实现教师资源的最优配置，推进优秀教师的校际流通与共享，发挥骨干教师的辐射、引领作用，使人尽其才、才尽其用，促进教师个人和区域教育的共同发展。

（四）多元性

现代教育治理是民主、参与、共享、责任、法治等诸多理念的综合体现。习近平总书记在全国教育大会上指出，办好教育事业，家庭、学校、政府、社会都有责任。作为学校、家庭、社会等多元主体之间的纽带，上地学区认为区域人力资源的构成应具有多元性，要广泛吸纳与区域教育发展相关的各领域力量，促使其在学区搭建的平台上发挥合力，共同担负起推动区域教育优质均衡发展的责任。

结合以上区域人力资源特性，上地学区网罗区域内外优质人才，初步建立了开放、多元、交互的学区人力资源框架体系（图5-1），实现了区域教育人力资源的采集、管理和服务。其中，学区内部人力资源指上地学区各中小学的优秀校长、学校干部和骨干教师，他们既是教育资源，又是管理、提供、开发教育资源的核心力量。学区外部人力资源指包括学区委员会委员、学术委员会委员、教育志愿者在内的各界专家和人士，为区域教育的发展出谋划策，提供专业指导。

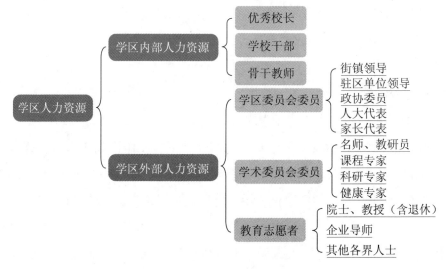

图 5-1　上地学区人力资源框架体系图

三、上地学区 SIAC 人力资源整合模式和成效

上地学区建立了 SIAC 人力资源整合模式（图 5-2），实现学区内部优质人力资源流动融通，带动共享共研，发挥示范引领作用；学区外部人力资源高位注入，协同互动，高端引领，形成了人力资源合力，为有效提升区域教育教学质量打下坚实基础。

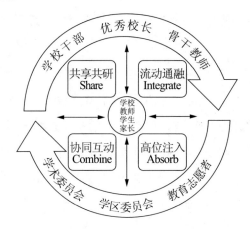

图 5-2　上地学区 SIAC 人力资源整合策略模型

（一）内部人力资源——共享共研，带动整体提升

优秀校长、学校干部、骨干教师是区域内部人力资源的主力军，在提升区域师资整体水平进程中发挥着不可替代的作用。学区通过共享开放教研平台，以学科教研基地为抓手，打通区域人力资源壁垒，充分发挥优秀教师的辐射引领作用，建立"以校为本、校际联动、区域推动、整体发展"的学区教研机制，逐渐形成"骨干引领、同伴互助"的区域共享共研教研模式。

为促进学区教研基地建设，规范教研管理，学区制定教研基地管理办法，挑选学科资源有优势的学校作为学科基地核心校，如C校牵头构建语文学科基地、D校牵头构建英语学科基地、A校牵头构建数学学科基地。同时，聘请各校北京市骨干教师、教学副校长作为学科基地首席指导教师，每学期结合学科特点和实际需求制订学区研修方案，确定研修主题、内容、形式，主持教研活动；学区基地负责人主要负责组织、协调，配合学科首席指导教师组织区域内各校教师开展研修活动；基地核心成员从各校学科骨干和青年教师中选拔，充分发挥示范带头作用；学区各基地做到开学有计划，期末有总结，过程有资料，教研有反馈，活动有报道，严肃考勤，档案规范，以此确保学区基地教研质量，真正发挥学区教研基地在区、学区、学校三级研修机制中的纽带作用。

这种学区内跨学校、跨学科、跨年级的多样态教研活动，切实把课堂备课、议课、评课全过程融入区域教研中，提高了学区研修的针对性和实效性，实现了区域内各校各学科的优势互补、资源共享、共同提升。

（二）内部人力资源——流动融通，促进校际均衡

校际师资不均衡是影响区域教育均衡发展的主要问题。上地学区多样化的办学结构决定了区域内学校义务教育阶段师资水平的差异，区域内存在薄弱学校，主要体现在缺少优秀教师和骨干教师，学校教师整体素质水平偏低等问题。

为促进区域义务教育均衡发展，缩小校际师资差异，加大对区域内薄弱学校的扶植力度，学区依据北京市海淀区教育委员会印发的《海淀区义务教育学

校教师交流工作方案（试行）》要求，不断优化区域教师队伍资源配置，积极探索教师交流机制。学区先后制定跨校"青蓝携手"项目和骨干流动项目，一是借助区域优质学校骨干教师力量，带动薄弱学校青年教师发展，以优质学校的成熟骨干教师与薄弱学校的青年教师结对的方式，开展日常教育教学研究、备课、上课、听课、做课、课题研究等活动，跨校进行有针对性的带教指导，不断提高徒弟教师的专业技能和教学水平，对薄弱学校进行师资帮扶和培养，促进薄弱学校青年教师专业成长；二是开展校际骨干教师流动，学区选派优质学校的骨干教师开展区域内跨校授课、教学指导、联合教研等活动，发挥学区内名师辐射引领作用，破解区域校际师资力量配置不均衡的难题。

（三）外部人力资源——高位注入，促进教育发展

上地学区充分利用学术委员会和教育志愿者专家资源，服务学校、教师、学生的长远发展。学区借助学科专家指导区域学科基地教研和心理健康教育培训；借助科研专家指导区域和学校课题研究；借助教育专家制定学区"十三五"教育发展规划；借助企业导师共同研发园区科技课程，开展科技创新人才培养实践活动。在外部人力资源的使用过程中，高位人才的精准投放有效发挥了区域教育发展所需的专业价值，为区域教育发展贡献教育智慧。

（四）外部人力资源——协同互动，构建区域生态

上地学区人力资源的多元性决定了多元主体参与区域教育治理，而上地学区委员会这一机构旨在激发属地政府支持教育发展的积极性和主动性，为委员们共议教育发展搭建一个汇聚智慧、跨界交流、合作共赢的平台，使原本散落在各处的支持力量获得凝聚的途径和动力，以促进教育资源的统筹、共享与融通。其中委员会中的委员来自各行各业，包括地区人大代表，政协委员，街道、派出所、科研院所、企事业单位、中小学校单位负责人和家长代表等，这些成员便成了学区人力资源的重要组成部分。

上地学区借助委员会委员的力量，希望能实现三个目标：一是提升地区政府（街镇）对教育的支持力度；二是增强社会各界参与教育治理的积极性，促进地区教育资源的融通；三是凝聚各方力量，构建教育系统内外协同发展的新格局。

1. 委员助力，破解教育难题

上地地区地处中关村科学城核心地带，处于"两轴一带两区"城市空间发展新格局的交汇地带，属于北京市四大功能区的北部研发服务和高新技术产业聚集区，是典型的高新技术集中区域。其中上地街道辖区面积9.52平方千米，常住人口12.3万，其中户籍人口3.8万，地区内在职职工总数在18万左右。未来，地区内规划的几处新增回迁小区及公租房还将带来2万至3万的人口。随着三孩生育政策的实施及北大科技园的建设，地区内居住及生活的人口持续增加，对教育资源的需求也将日益增加。

依据"十三五"期间上地学区教育资源调研分析，上地街道区域内已有中小学超规模办学严重，中小学、幼儿园均存在明显学位缺口，且用地供给明显不足。基于区域中小学、幼儿园学位紧缺和部分学校办学空间狭小的问题，学区委员会秘书处（上地学区管理中心）联合上地学区委员会委员，综合考虑现状实际，结合未来发展需求，积极联动属地政府，盘活可利用空间，努力挖掘义务教育办学空间，提出了一系列的合理化建议：调整部分用地为办园用地；收回借用、外租场地改造或重建为活动场地和办学空间；棚户改造异地安置，腾退资源用于建设教育设施；置换规划绿隔产业用地面积等。学区促成大学场地开放，补充学校教育活动空间；扩展学前办学空间，新建两所幼儿园；区委区政府批准在上地地区规划一处高标准、高品质的12年配套教育用地，保障地区内大量创新人才聚集的生活配套服务需求。学区委员会委员在推进区域教育发展进程中实实在在地发挥了职能作用。

2. 协商共治，化解入学矛盾

义务教育事关百姓民生。长期以来，保障学位供给，提高教育质量，促进教育均衡都是海淀教育工作的重要着眼点和发力点。其中幼升小招生入学,关乎一个学生求学生涯的起点,是一个家庭对未来的期盼。现实中,上地学区幼升小招生工作面临着"三多一少"的局面,"三多"指区域内新建小区多,业主子女(京籍、非京籍)增多;大单位多,拥有北京市工作居住证、公租房的人士子女多;大学集体户口人数多,博士后、外籍等六类人子女多。"一少"指区域学位少。为了满足老百姓的"有学上"的诉求,上地学区制定了"坚持政策统筹,坚持免试就近入学,坚持依法依规操作,坚持协商共治,坚持服务为本"的五项原则,确保招生工作的平稳有序。

每年的义务教育入学工作,上地学区委员会成员单位和委员都发挥了积极的作用。校长委员提供学位数据,提前预判学位形势;街道主任委员亲自召开区域招生联席会议,制订招生联审方案;社区委员"向前一步走"开展宣传,把矛盾化解在萌芽状态,协助学区把好招生入学政策第一关;公安委员定人定岗,避免在招生协调工作中出现的极端事件……上地学区招生工作形成了多方主体参与的联动机制,减少了部门推诿现象的发生,且最大程度统一思想、凝聚共识,成功化解了诸多矛盾,得到了上级部门、学校、百姓的认可。

3. 齐抓共管,推进安全治理

自学区委员会成立以来,上地学区会经常与学区委员会主要成员单位(街道)沟通学校和地区教育的大事、要事,以便争取得到街道的大力支持。街道对地区教育的支持由外围的友情支持变成了职责所在,使学校在区域治理上依靠地方政府有了机制保证。

街道将地区基础教育事务纳入工作日程,在相关的时间节点上给予人力、物力、财力的支持。街道相关科室与区域内各学校的联系也更加密切,交流的渠道更为畅通,执行速度和力度大大提升,尤其在校园周边环境治理、学校门前交通治理、学校食品卫生安全、疫情防控、区域内非注册幼儿园(看护点)及教育培训机构的联合拉网检查等方面,街道委员联合卫健系统、公安分局、疾控中心、市场监管局、交通支队、消防支队、卫生监督所等部门组成联合评估小组，对学区内各中小学、幼儿园进行专项评估检查，发挥了专业指导作用。学区内各校、幼儿园对专业部门提出的问题均进行了及时的整改，确保校园安全，营造了安全稳定的环境氛围。

上地学区人力资源整合经历了由初步构建到规模发展，再到因需供给的发展过程，实现了人力资源的效能化、均衡化、品牌化，突出表现为以教师专业水平的提升，带动了教育质量的提升。目前上地学区已汇集区域内优质人力资源258人（含特级教师、市区级学科带头人及骨干教师），区域外人力资源170人（含智库专家、教育志愿者），根据各校教育教学实际需求进行甄选与匹配，最大限度地发挥人力资源效能。学区向教师累计投放人力资源300余次，受益教师达2万余人次，有效改变了校际优质人力资源分配不均衡的现状，为区域各校跨越式发展注入了强劲推动力。

经验小结：

学区人力资源应具有精准性、专业性、流动性、多元性，学区网罗区域内外具有以上特质的优质人才，建立包含学区内部、学区外部的学区人力资源框架体系。针对学区内部人力资源，以共享共研带动整体提升，以流动融通促进校际均衡；针对学区外部人力资源，以高位注入促进教育发展协同互动，构建区域生态。

经验六 研发学区空间资源整合策略

资源的开发、整合，能够有效地扩大优质教育资源利用率，提升区域教育整体的实力。学区将课程资源、人力资源的开发，作用于学生的成长、教师的发展。空间资源的开发、整合要打破各自为政的教育格局，形成一个分享合作的协作机制，共建共享覆盖范围最大、合作成效最明显，从而在区域内达到教育的均衡、持续、有效发展，将空间资源进行合理的调配，作用于区域教育的建设、学校办学质量的提升。

一、学区空间资源整合的依据

（一）理论依据

1.产业结构优化理论

产业结构优化是指推动产业结构合理化和高度化发展的过程。产业结构优化过程就是通过政府的有关产业政策调整影响产业的供给结构和需求结构，实现资源优化配置与再配置，推进产业结构的合理化和高度化发展。通过对产业结构进行优化与调整，使资源的利用率得以提高，使经济体变得更加有效率。

在我国，基础教育的教育财政投入不足，公共教育经费占国内生产总值的比重刚刚达到 4%，远远低于世界平均水平。由于基础教育投资存在着区域差异，导致原本紧缺的教育资源出现了结构性配置不当，不仅阻碍教育资源的利用效率，而且还产生了一些薄弱学校。薄弱学校最明显的特征表现在空间资源上，如校舍规模、教育教学设施设备短缺、图书资料匮乏、体育活动空间狭小、办学规模超负荷等，而上地学区就有这样空间资源薄弱的学校。

2. 供给侧结构性改革理论

供给侧结构性改革旨在调整经济结构，使要素实现最优配置，提升经济增长的质量和数量。供给侧结构性改革，就是用增量改革促存量调整，在增加投资过程中优化投资结构、产业结构，在经济高速增长的基础上实现经济可持续发展与人民生活水平不断提高；就是优化投融资结构，促进资源整合，实现资源优化配置与优化再生；就是优化产业结构、提高产业质量，优化产品结构、提升产品质量；就是优化分配结构，实现公平分配，使消费成为生产力；就是优化流通结构，节省交易成本，提高有效经济总量。

供给侧结构性改革给教育供给侧改革以启发：在供给理念上由需求侧改革向供给侧改革转变；在供给主体上强调多元化供给主体，适当简政放权；在供给总量上加大增量补齐短板，盘活已有存量；在供给质量上全面推进义务教育城乡一体化发展，加强统筹规划；在供给模式上深化管理体制改革，实行名校集团化办学。[①]

传统校区制模式下，各类教育资源具有明确的物权归属概念，校际资源共享也受制于学区内的优质资源数量，缺乏深层次的资源整合。基于中央提出的供给侧结构性改革思路，学区制改革将遵循资源供给侧改革的理念，从资源供给方角度推进改革，扩大优质教育资源覆盖面，努力解决优质资源的供需矛盾。学区制改革将打破传统学校资源的界限，全面推进学区资源共享的一体化。[②] 上地学区借鉴供给侧改革思路，从空间资源整合提升的角度增加优质资源供给。

（二）政策依据

1.《国务院关于深入推进义务教育均衡发展的意见》

《国务院关于深入推进义务教育均衡发展的意见》指出：要推动优质教

[①] 参见梁梓康：《供给侧改革背景下县域义务教育均衡发展研究——以广西F县为例》，硕士学位论文，广西大学，2019。
[②] 参见周海涛、朱玉成：《教育领域供给侧改革的几个关系》，载《教育研究》，2016（12）。

育资源共享，扩大优质教育资源覆盖面，提高社会教育资源利用水平。公共事业管理部门和行业组织要努力创造条件，将适合开展中小学生实践教育的资源开发为社会实践基地。教育部门要统筹安排学校教育教学、社会实践和校外活动。

2.《国务院办公厅关于新时代推进普通高中育人方式改革的指导意见》

《国务院办公厅关于新时代推进普通高中育人方式改革的指导意见》指出：要拓宽综合实践渠道，健全社会教育资源有效课堂，建设一批稳定的学生社会实践基地。

3.《新时代爱国主义教育实施纲要》

中共中央、国务院印发《新时代爱国主义教育实施纲要》指出：大中小学的党组织、共青团、少先队、学生会、学生社团等，要把爱国主义内容融入党日团日、主题班会、班队会以及各类主题教育活动之中。密切与城市社区、农村、企业、部队、社会机构等的联系，丰富拓展爱国主义教育校外实践领域。

4.《教育部办公厅关于启动部分领域教学资源建设工作的通知》

《教育部办公厅关于启动部分领域教学资源建设工作的通知》提出：为深入贯彻全国教育大会精神，全面落实新时代全国高等学校本科教育工作会议精神，推进"四新"（新工科、新农科、新医科、新文科）建设，经研究，决定启动部分领域教学资源建设工作，探索基于"四新"理念的教学资源建设新路径，推动高等教育"质量革命"。其建设原则之一为"多方协同，完善保障"，要求资源建设同时面向高校、行业企业、科研院所等单位，并注意最新科研成果的及时转化。

二、学区空间资源的定位

（一）非竞争性

在学校教育教学运转过程中，各校的操场、体育场馆、多功能厅等内部空间，均存在使用的空闲时段。因此，上地学区认为，学校内部空间资源也具有非竞争性，可以将其空闲时段合理整合、配置，向学区及各校开放，从而在不影响学校正常教育教学秩序的前提下，实现学校内部空间资源的共享。

（二）可转化性

学区空间资源还包含学校外部社会空间资源，如区域内外的大学、企业内部的物理空间资源。上地学区辖区内许多高校、科研院所、知名企业的空间资源，以往很难得到充分利用，但通过学区、学区委员会层面与高校、科研院所以及企业的对接，这些社会空间资源可以开发转化为学区教育空间资源，以盘活空间资源存量，不断扩大增量，充分服务于学区师生发展。

（三）可开发性

学区空间资源除了具有共享性、转化性，还具有可开发性。物理空间只要具备可用的土地资源，按照用途进行规划，就可以开发成可以使用的空间资源。信息技术使得虚拟空间的开发更加便捷，且具有物理空间无法实现的更多更强大的功能。因此学区可以开发闲置用地为教育空间资源，也可以利用先进的信息技术开发网络教育空间资源。

三、上地学区空间资源整合模式和成效

要想整合空间资源，必须知道有哪些空间资源可以整合，即学区空间资源的现状，因而学区首先开展了空间资源基本情况调研，通过大量的走访和调研，定位了区域教育空间资源的优势与不足。为了完善学区内教育合作和空间资源共享机制，学区教育空间资源整合采用共享经济的模式，积极发挥优质空间资源作用，同时开发社会空间资源，将其拓展成教育空间资源，促进优质教育空间资源共建共享（见图6-1）。

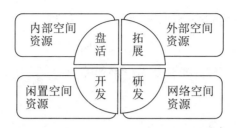

图 6-1　上地学区空间资源整合策略模型

（一）打破校际壁垒，实现空间教育资源的融通共享

上地学区首先与各中小学建立友好关系，达成共识，然后对学校内部已有空间资源进行调研梳理，采用盘活整合方式：依据中小学的空间资源现状，学区进行整体统筹、组织规划，锁定优质空间资源并盘活，以组织开展丰富多彩的教育教学活动为载体，最大限度地发挥资源的使用效率，提高空间资源效益，以发挥区域内部空间资源优势，促进区域均衡发展。

1.学校运动场地共享

为进一步落实五育并举、强化体育锻炼的要求，同时贯彻落实《全国青少年校园足球综合试验区改革发展备忘录》和海淀区《推进校园足球满天星训练营建设发展备忘录》的要求，上地学区非常重视学生的体育锻炼，在保证开齐开足体育课的基础上广泛开展校园足球运动。由于客观因素，各校的教育资源分布不均，有着较大的差异。上地学区充分挖掘区域内运动空间资源，为学生提供开展足球运动的场地。上地学区协调开展校际的日常训练，并持续举办校际足球联赛，不仅带动了区域内足球运动的整体发展，还带动更多学生强化体育锻炼。上地学区连续三年举行"满天星"中小学足球联赛，每年都有9支代表队、3个组别共计近600人参加比赛。

2.优质教学资源共享

教学工作是学校的生命线。上地学区内名校众多、教育资源丰厚、教育设施完善，上地学区抓住这个优势，充分利用各校的空间教育资源优势，开展多种形式的教学活动，解决空间教育资源不足问题。上地学区连续三年开展北京市基教研视导工作，A校、C校、D校、F校、G校为此项活动的开展提供了空间资源。

（二）拓展社会空间资源，服务学区教师和学生

加强社会资源的利用是当今教育的一种形式，让社会资源成为学生学习的场所，开阔学生的视野。多方协同育人理念提出在复杂、开放的育人环境中实现资源共享，相互协作配合，这是时代发展的必然要求，把有限的空间资源充分利用起来，发挥其更大作用，服务教师和学生。学区内高等院校多，知名高新企业云集，其内部具有丰富多样的空间资源，以往这些资源没有对教育开放，或因管理体制单一而服务某一学校，这些静态优质空间资源因为没有得到盘活与整合，不能在学区内所有学校中发挥效能，没有实现资源效益最大化。学区通过学区委员会，充分挖掘资源，探索协同育人，将可利用的部分空间资源拓展转化为移动空间（上地大讲堂）和固定空间（学区教育实践基地）。

1.拓展运动场馆空间资源

学区内B校生均活动空间仅有1平方米，因学校和北京体育大学相邻，学区积极与双方进行联系、沟通，促成B校足球队的30名队员在不影响大学正常体育活动的情况下每周定期到大学的足球场地进行训练；B校的体育运动会也在大学的运动场举行，帮助学生在体育锻炼中享受乐趣、增强体质、健全人格、锤炼意志；同时，上地学区各小学的50名优秀足球运动员的选拔也在大学的足球场地进行。

2.拓展文化场馆空间资源

上地学区有着得天独厚的优势，区域内清华大学、北京大学是中国乃至世界水平的名校，文化历史悠久。带领学生到大学的场馆参加活动，会给学生的发展和成长带来巨大的影响。上地学区积极与大学进行沟通，先后有1000名少先队员和师生在清华大学大礼堂召开第一届"光荣与梦想"少代会，800名师生和各企业代表在清华大学i.Center召开"创新成长孵化梦想"第一届科技

节，近 200 名教师在清华大学参加主题为"学业规划之大学招生政策"的上地
大讲堂……他们感受着来自世界一流大学的文化积淀。

3. 拓展科技场馆空间资源

上地学区不仅挖掘区域内空间资源，还充分挖掘周边资源。在相嵌、
链接、互补、共生的育人机制的构建之路上迈出了坚实的一步。2019 年，
上地学区各中小学 500 余名学生在首都科普新地标——北京科学中心参
加"我和我的祖国　科技伴我成长"主题教育活动暨第二届科技节活动，
不仅感受到了科学的魅力和科技的力量，更感受到了创新对一个国家和
一个民族的重要性。此次活动让学生在科学实践活动中感受科技创新给
祖国和生活带来的巨大变化，培养学生的创新意识、创新精神、创新方
法和创新能力。

4. 拓展企业场馆空间资源

上地学区充分发挥区域内高科技企业众多的区位优势，积极为学生拓展企
业场馆空间资源，目前已经和 19 家企业建立基地联盟关系，使其成为学区内
各校学生校外活动基地，共同利用区域内优质空间资源培养创新人才。

（三）开发闲置教育用地，扩大教育办学空间

因所处位置以及历史规划原因，上地学区公办学校少，区域内从幼儿园
到义务教育、高中阶段学位缺口压力巨大。根据上地学区内预估常住人口 23.7
万为基数，考虑现有教育资源配置、学校布局和建设规划，按照千人学位指标
计算，未来 3～5 年，该区域基础教育阶段学位需求和供给的具体情况如表 6-1
所示。

表 6-1　上地学区未来学位需求预测统计表（单位：个）

学段	千人学位指标	依据 23.7 万人预计学位需求数	现有资源可提供最大学位数	学位缺口
幼儿园	30	7110	2624	4486

学段	千人学位指标	依据 23.7 万人预计学位需求数	现有资源可提供最大学位数	学位缺口
小学	40	9480	9048	432
初中	20	4740	4062	678
高中	20	4740	1686	3054

据相关文件指标规定，小学生均用地面积标准为 12.76～14.2 平方米、初中和高中生均用地面积标准均为 16.7～19.12 平方米。根据上述学位缺口分析，上地街道至少需规划新增教育用地 17.9 公顷。经过学区统筹，上地学区与社会各方力量协商、开发，借助学区委员会这一机构，努力开发教育用地，扩充学位。

1. 北京体育大学用地建成幼儿园

学区经过走访调研，发现北京体育大学西北角有一处面积约 0.4 公顷的土地，虽规划为高等院校用地，却适宜办幼儿园。学区在多次与北京体育大学相关部门沟通、协调实地考察后，促成海淀区教委与北京体育大学合作，将北京体育大学用地建设成幼儿园，该园面积 8924 平方米，绿化面积 2027 平方米，办园规模 12 个班，可提供学位 360 余个。

2. 树村回迁用地建成幼儿园

通过调研树村村委会，上地学区发现在树村回迁小区内一块面积 0.42 公顷的回迁用地，适宜建幼儿园。学区通过协调，促成学区内 F 校归属的教育集团与树村村委会、上地信息产业高科技园区建立联系，经过协商后成功建成了一所幼儿园。幼儿园占地面积 4200 平方米，建筑面积 4535 平方米，办园规模 9 个教学班，可提供学位 270 余个。

3. 助力 F 学校建成九年一贯制学校

F 学校是所纯初中校，为解决地区学位紧张问题，上地学区多次与 F 学校校长沟通，建议扩大办学规模。2020 年 F 学校与海淀区教委、区域资源单位多次研究，经区长办公会通过，决定收回资源单位的青年公寓并进行校园改扩建，扩大地区学位，升级为九年一贯制学校。经区规划审批、区发展改革委立项，学校于 2021 年 7 月开始改扩建工程，拆除了青年公寓和学校原有的实验楼，拆除面积 8480 平方米，新建面积 18008 平方米，新增小学部。新楼于 2022 年 9 月建成并投入使用，F 学校规模进一步扩大，新增 24 个小学教学班，新增小学学位 1080 人。

4. 推进 B 校新校址建设项目

B 校现校址面积较小，缺乏各类体育场馆，操场生均面积不足，严重限制了学校发展和学生健康成长。上地学区多次调研走访，为 B 校寻找教育用地。目前北京体育大学、海淀区教委相关科室、学校等相关方已就 B 校新校址建设达成初步一致。新校址位于北京体育大学西北角，用地面积为 16550 平方米，预计于 2025 年投入使用，可容纳 24 个教学班，运动场地、各类专用教室、兴趣教室、阅览室等配备齐全，将极大促进区域教育优质均衡发展。

（四）研发网络空间平台，共享交互创新

当今计算机信息技术和互联网技术快速发展，网络空间具有虚拟性、领先性、快速性、生动丰富性、平等性、互动性等特点，其影响力已经无形中渗透到学校的教育教学工作中。网络空间是虚拟的，也是广阔的，数字化呈现和存储，能够有效弥补物理空间上的不足，同时，大数据的全面认知、收集、分析、共享作用，便于学校进行及时、有效的管理，可以有效促进教育教学工作的开展。为更好地服务各校，帮助学校解决阅读空间、科技教室空间不足的困难与需求，学区利用信息技术，搭建网络空间平台，拓宽教育领域。

学区充分研发支持共享、交互、创新的网络空间资源，促进汇聚优质教育资源共享，师师、生生、师生、家校互动协作，融资源、服务、数据于一体。学区在微信公众号平台建立空间教室，推出科技课程、阅读课程、体育足球课程；建立线上图书馆，开展线上朗读沙龙，促进线上线下学习活动相结合，促进各校间的交流互动，为教师、学生、家长、管理者等提供创新教学、个性化

学习、社会交互的学习环境，促进师生知识建构、个性化发展和集体智慧发展。线上空间资源的研发交互使用，不但降低了教育成本，解决了物理空间的用地经费不足，物理空间内交流人数、硬件、时间受限等不利因素，更帮助区域各校跨越时空限制，做到平台共用、信息共通、资源共享，真正服务于学区内所有学校、教师、学生、家长。

上地学区打破校际壁垒，共享校内操场、体育场馆、多媒体教室、多功能厅等空间资源 217 次，开展多样跨校教育教学活动，辐射师生 22800 人次，提高了学区内部空间资源使用效益。同时拓展社会空间资源、研发网络空间资源，办学空间不足难题得到缓解，建立了 5 类 23 家校外教育实践基地，社会空间资源利用更加充分。

经验小结

学区空间资源应具有非竞争性、可转化性、可开发性。学区可以盘活内部资源，打破校际壁垒，实现资源融通共享；拓展外部空间资源，引入社会空间，服务学区师生；开发闲置空间资源，统筹教育用地，扩大教育办学空间；研发网络空间资源，搭建网络平台，共享交互创新。

经验七　秉承项目育人理念促进学生成长

教育是国之大计、党之大计。党的十八大把"立德树人"明确为教育的根本任务，党的十九大进一步提出要"落实立德树人"根本任务。学区必须将立德树人作为一切工作的出发点和落脚点，把立德树人的成效作为检验学区工作的根本标准，坚持为党育人、为国育才，培养听党话、跟党走，扎根人民、奉献祖国的社会主义建设者和接班人。北京市海淀区上地学区依据区域实际，提出项目育人的理念，通过实施"五育并举"的育人项目，协同学校培育担当民族复兴大任的时代新人。

一、上地学区项目育人的提出

（一）理论基础

项目育人既是一种教育理念，也是一种教育模式，是培养个体核心素养、促进个体德智体美劳全面发展的重要途径。"项目"一词被引入教育领域，可以追溯到 19 世纪末 20 世纪初的美国，以杜威为代表的美国教育学家希望通过教育培养学生的问题解决、实践创新和综合分析等能力，进而通过教育解决社会问题，改变社会。随后，杜威的实用主义思潮风靡全球，克伯屈提出了设计教学法，而项目学习中的"项目"一词与"设计"具有许多共通之处。

项目学习区别于传统的割裂的学科教学，它强调教师的教学和学生的学习以具有真实性、驱动性和挑战性的问题为切入点，通过一段时间持续深入地探究，解决问题、形成成果，在深化知识学习的过程中培养学生的关键能力。

项目学习与项目育人的理念具有高度一致性，都强调学习要与日常生活实践相联系，重视知识的系统性和整体性。上地学区站在顶层设计的战略高度，系统性地提出了"项目育人"的教育理念和模式，具有重要的现实意义和理论价值。

（二）现实需求

1.国家政策导向

2018年，习近平总书记在全国教育大会上指出，要把培养德智体美劳全面发展的社会主义建设者和接班人作为教育的根本目标。为进一步完善德智体美劳培养体系、落实立德树人的根本任务，国务院于2019年下发了《关于新时代推进普通高中育人方式改革的指导意见》，明确提出在深化课堂教学改革中，应该"积极探索基于情境、问题导向的互动式、启发式、探究式、体验式等课堂教学，注重加强课题研究、项目设计、研究性学习等跨学科综合性教学，认真开展验证性实验和探究性实验教学"[①]。随后，中共中央、国务院印发了《关于深化教育教学改革全面提高义务教育质量的意见》，再一次提到了"探索基于学科的课程综合化教学，开展研究型、项目化、合作式学习"[②]，进一步阐明了"项目设计、项目学习"的鲜明时代特征，强化了课堂育人的主阵地。新颁布的《义务教育课程方案（2022年版）》和义务教育各科课程标准（2022年版）明确，要基于真实情境，培养学生综合运用知识解决问题的能力，并提出开展主题化、项目式学习等综合性教学活动。项目学习以问题为切入点，与书本知识和学生实际生活相联系，是培养学生核心素养的重要途径，二者密不可分。

2.区域实践需要

北京市海淀区积极响应党的十八届三中全会提出的"试行学区制"的号召，开启了学区制改革，旨在搭建一个汇聚智慧、跨界交流、合作共赢的改革

① 国务院办公厅：《关于新时代推进普通高中育人方式改革的指导意见》，http://www.moe.gov.cn/jyb_xxgk/moe_1777/moe_1778/201906/t20190619_386539.html，2021-12-26。
② 《中共中央 国务院关于深化教育教学改革全面提高义务教育质量的意见》，http://www.moe.gov.cn/jyb_xxgk/moe_1777/moe_1778/201907/t20190708_389416.html，2021-12-26。

发展平台，构建区域教育发展共同体，实现教育资源在学校间的充分流动，激发学校办学活力。海淀区学区制改革强调统筹整合地区内各级各类教育资源的平台，加强学区范围内各类教育资源的整合利用，促进学区内设施、课程和师资等各类资源的共建共享。为深入贯彻落实立德树人的根本任务和上级有关要求，上地学区充分发挥社会资源的育人功能，积极探索利用科技馆、博物馆等社会资源育人的有效途径，成效显著。基于上地学区的区情，上地学区从其区域背景和学区定位两个层面出发，充分考虑和验证了"项目育人"的必要性和可行性。

就区域背景而言，目前上地学区内品牌名校居多，学校办学条件、师资水平和教育资源都具有很大优势。然而，学区依然存在着教育资源利用率低、教育资源分布不均衡、社会教育资源缺乏深度整合等问题，因此，重新整合资源、重构育人模式是非常有必要的。同时，学区内产业园区聚集，名校云集，丰富的社会教育资源为"项目育人"的顺利开展提供了条件。

上地学区作为海淀优质教育发展高地，理应担当高位优质均衡发展的使命与责任，积极调动教育系统内外的优质资源，推动区域教育整体发展。上地学区充分利用自身区域优势，挖掘了丰富的课程资源、人力资源和空间资源。实现资源的高效整合，关键在于资源的合理配置和有效使用。在这一过程中，三类教育资源并不是相互独立的，而是互为引擎，并且以学区项目作为依托而实施落地。

学区项目的开发与实践需要从区域层面整合资源、多方联动、多主体共同参与，只有举学区之力才可以得到有效保障，比如政府的政策引导和统筹规划、高校与企事业单位的资源供给、学校与社区的积极参与等都需要得到充分保障，才可以使学区项目真正发挥其育人功能。

为此，上地学区围绕"培养什么人、为谁培养人、怎样培养人"这一教育根本性问题和立德树人根本任务，结合区域教育改革和发展中的重大问题和主要任务，实施了一系列聚焦"五育并举"的育人项目，如开展组织育人项目、科技创新项目、阅读工程项目，既满足了学生的实际需求，又促进了学生的全面发展，体现了育人过程的多元性、选择性和实践性。

二、上地学区项目育人的成效

（一）组织育人项目

"育才造士，为国之本"。习近平总书记在全国教育大会上强调，要从党和国家事业发展全局的高度，坚守为党育人、为国育才，把立德树人融入思想道德教育、文化知识教育、社会实践教育各环节，培养一代又一代拥护中国共产党领导和我国社会主义制度、立志为中国特色社会主义事业奋斗终身的有用人才。习近平总书记在党史学习教育动员大会上提出，要抓好青少年学习教育，着力讲好党的故事、革命的故事、英雄的故事，厚植爱党、爱国和爱社会主义的情感，让红色基因、革命薪火代代传承。[①]

上地学区坚持以党建工作为引领，落实党、团、队组织的育人职责，构建区域党、团、队组织建设的新生态，以立德树人为根本任务，坚持思想育人、坚持组织育人、坚持文化育人、坚持实践育人、坚持服务育人。依托党带团少共发展思路，上地学区少工委、社区少工委，学区团工委和团建协作委员会，不断加强共青团、少先队的组织建设。学区先后组织召开主题为"光荣与梦想"的上地学区第一次少代会；组织"传承与创新"师生阅读素养提升展示活动；组织开展"传递爱的温度、圆梦新时代"学习雷锋主题大团日活动；成功举办了三届学区科技节活动，并组织承办、协办两届北京市青少年创客国际交流展示活动；同时，学区广泛开展群众性主题宣传教育活动，为隆重庆祝中华人民共和国成立 70 周年、建党百年营造了良好的氛围。学区通过一系列的组织育人项目，创新组织动员、引领教育的载体与形式，引

---

① 参见习近平：《在党史学习教育动员大会上的讲话》，http://www.moe.gov.cn/jyb_xwfb/moe_2082/2021/2021_zl37/sishixuexi/202103/t20210331_523725.html，2021-12-27。

导广大团员、队员和全体学生牢记光荣使命，传承红色基因，努力成长为担当民族复兴大任的时代新人。

案例 1：成立学区少工委，健全少先队组织体系

少先队是建设社会主义和共产主义的预备队，习近平总书记站在红色江山后继有人、中国特色社会主义事业兴旺发达的战略高度，十分关心重视少年儿童和少先队工作。为贯彻习近平新时代中国特色社会主义思想，落实《少先队改革方案》文件要求，2018 年，上地学区召开主题为"光荣与梦想"的中国少年先锋队北京市海淀区上地学区第一次代表大会，成立学区少工委，将少先队工作纳入中小学党建工作中进行统筹管理，引导区域内少年儿童听党的话、跟党走。

上地学区通过拓展社会空间资源，将少代会开幕式地址定于古朴典雅、人文历史厚重的清华大礼堂。5 月 25 日下午，鼓号奏响，队旗招展，来自上地学区各中小学的近千名少先队员代表相聚一堂，礼堂内外到处可见少年儿童的笑脸。本次学区少代会开幕式主题鲜明，召唤使命担当，落实立德树人；形式新颖，原创红色舞台剧，红歌红剧红史，入境入脑入心；关注队员提案落地，充分整合资源，助力提案落地；成果丰富，以音像文字美术等不同形式，呈现出"三册一本一课"的大会成果；聘请少先队工作方面的专家顾问，助力学区少先队工作规范发展。时任海淀区教工委尹丽君书记对上地学区第一次少代会给予了高度的评价，认为学区用红色组歌的形式，带领队员们学习少先队知识，铭记革命历史，传承红色基因，突出了育人实效；学区的少先队小代表们心系祖国，心怀社会，积极参与提案，具有担当精神；上地学区更是尊重少先队员，认真对待提案，积极解决，扎实落地，收到了很好的效果。这样的少代会彰显出上地学区立德树人、培养社会主义接班人的使命感和责任感。

案例 2：持续开展学雷锋活动，引导党团队员践行雷锋精神

"雷锋精神"是中国共产党人精神谱系中的伟大精神，其精神内涵是"热爱党，热爱祖国、热爱社会主义的崇高理想和坚定信念；服务人民、助人为乐的奉献精神；干一行爱一行、专一行精一行的敬业精神；锐意进取、自强不息的创新精神；艰苦奋斗、勤俭节约的创业精神"。自学区成立以来，上地学区持续开展学雷锋活动，积极统筹资源，精准教育扶贫，持续为新疆喀什地区疏勒县八一爱民学校组织送课送教、资源共享、物资捐赠等教育教学活动，在开展志愿服务社会实践的同时对学生进行了民族团结教育。

2020 年年初，所有学生居家学习，无法开展线下的学雷锋实践活动。于是上地学区策划组织了"让雷锋精神在防疫中熠熠生辉"的学雷锋活动，呼吁全体党员教师积极参与"双报到"社区疫情防控志愿服务，在"停课不停学""停课不停研"工作中发挥党员先锋作用，践行雷锋精神，争当防疫尖兵；呼吁全体团员、队员捕捉疫情期间身边抗疫"雷锋"的感人事迹，学习雷锋精神，续写"雷锋日记"。团员、队员以日记的形式，记录了自己的亲人一线抗疫、参与社区值守期间的故事，表达了对家长的敬佩和感恩，表示自己也要努力学习，长大成为对社会有益的人。

案例 3：录制少先队员学党史微队课，引导队员坚定信念跟党走

2021 年是中国共产党成立 100 周年。习近平总书记在党史学习教育动员大会上提出，要抓好青少年学习教育，着力讲好党的故事、革命的故事、英雄的故事，厚植爱党、爱国、爱社会主义的情感，让红色基因、革命薪火代代传承。

上地学区以此为契机，引领少先队员学党史、强信念、跟党走，围绕少年儿童的身心特点，以红领巾线上微课堂的形式，开设了党史学习系列微队课——D 校的《红船启航》、A 校的《南昌起义》、B 校的《星星之火》、C校的《雄关漫道》《抗日战争》等，引导少先队员"走出去""学进来"，在寻访红色印记中学习、感悟，深刻体会中国共产党的百年征程，深刻挖掘伟大精神背后的丰富内涵，坚定信念跟党走，让红色基因代代相传。在微队课录制过程中，少先队员们在党史专家的带领下学习党史，并走进中央党校、北京大学、抗日战争纪念馆、军事博物馆等红色教育基地录制微课。微队课经海淀区少工委在全区少先队员中推广，发挥了引领示范作用。

上地学区立足于国家和区域发展现状，紧跟党政时事，依托党、团、少先队组织，以少先队员代表大会、党团队员宣讲、微课程学习等丰富多样的项目活动形式为载体，引导广大少先队员、共青团员坚定理想信念，厚植爱国主义情怀，传承红色基因。

（二）科技创新项目

创新，是引领科技发展的第一动力，是一个国家兴旺发达的不竭源泉。在激烈的国际竞争中，唯创新者进，唯创新者强，唯创新者胜。习近平总书记指出，要培养造就一大批青年科技人才和高水平创新团队。作为创新人才培养梯队的基础，中小学生拥有巨大的创新潜能。

上地学区高度重视科技创新人才协同培养机制和系统育人体系的构建，在打通壁垒、盘活资源的过程中，学区不断思考如何将优质的社会科技资源转化为学校教育资源，从而与基础教育对接，助力学生的创新成长。上地学区将科技创新项目作为学区的重点和特色育人项目，与科技园区、科技馆、大学实验室联盟式开发科技实践课程，并依托学区科技节、创新创想大赛，推荐学校团队参加北京·中美青少年创客大赛等途径，加强科技创新教育，协同培养创新人才，落实"对科学兴趣的引导和培养要从娃娃抓起"的要求，厚植科技报国信念。

案例4：研发三类科技实践课程，助力学生的创新成长

北京市具有"四个中心"的功能定位，2016年9月，国务院印发《北京加强全国科技创新中心建设总体方案》，将"全国科技创新中心"建设上升为国家战略，北京市"三城一区"建设全面铺开。"三城一区"中的中关村科学城主要坐落于海淀区，其核心功能为科技创新的出发地、原始创新的策源地和自主创新的主阵地。上地学区地处中关村科学城的核心区域，高科技产业聚集，涵盖电子信息、光机电一体化、生物工程与新医药、新材料及能源环保等国家重点发展领域的高科技产业化项目，拥有一批有自主知识产权的从事高精尖技术研发的名牌企业，同时，区域内名校云集，有清华大学、北京大学、北京体育大学等国内知名高等学府，创新教育资源丰厚。立足于国家发展需要和区域资源禀赋，上地学区重点研发三类科技实践课程，即实验室课程、馆校课程、园区课程，并借助连续三届学区科技节将课程资源投放至学区各中小学。

一、科技实践课程——实验室课程

2017年，上地学区首届"创新成长，孵化梦想"科技节在清华大学i.Center成功举办，以"植入创新意识，培养创新思维，孵化创新思想"为活动目标，以"身边生活""未来城市"和"一带一路"为创想主题，鼓励基础教育阶段的学生观察生活、发现问题、大胆创想、勇于创新，尊重学生的创新精神，激发学生的创新能力。在本次科技节中，上地学区与清华大学基础工业训练中心合力研发的实验室课程——"STEAM教育系列课程之创客清华大学i.Center创新教育实践课程"首次向学区中小学生投放。学生在最高学府的训练中心里徜徉，在大学实验室里开展工程课程综合实践活动，了解并走近工程知识与工程技术，提高了动手实践能力，开阔了视野。

二、科技实践课程——馆校课程

2019年，上地学区"我和我的祖国　科技伴我成长"主题教育暨第二届科技节在北京科学中心举办，带领区域中小学生走进首都科普新地标，开展"学起来""唱起来""讲起来""做起来"等丰富的科学教育活动，在馆校结合的实践学习中培养学生的创新意识、创新精神、创新方法和创新能力。在本次科技节中，上地学区与北京科学中心合力研发的馆校课程——《探秘北京科学中心主展馆》向学区中小学生投放。在实践课程中，设计者别出心裁地将科普学习游戏化，打破学校和学段的界限，现场融合组队、合作分工、闯关探秘，让学生在闯关任务中学习科学知识，进行创新实践，唤醒、激励更多爱好科技、向往科学的心灵，让学生生发探索遥远未来和建设美丽中国的热情。

三、科技实践课程——园区课程

2021年，上地学区"以创新之名，献礼建党百年——厚植科技报国信念"主题教育暨第三届科技节成功举办。恰逢中国共产党建党100周年，全党开展党史学习教育，科技节注入"四个红色"活动内涵，即"红色基因""红色土壤""红色资源""红色种子"，在主会场——中关村软件园国际会议中心和7个分会场——联想集团、百度、小米、中关村集成电路设计园、北大医疗产业园、科大讯飞、北斗星通，让学生了解党带领国家进行科技创新的艰苦历程和创新成果，厚植科技报国精神。上地学区聚焦十大高精尖产业，与中关村科学城科技创新企业联合研发《上地学区科技园区课程》，组织区域内的中小学生在实践中直观了解民族科技企业文化、发展历程、技术产业现状和未来人才需求，从而引导学生立下科技报国志向，引领"强国一代"将个人的成长和国家的发展同频共振，培养社会主义建设者和接班人。在本届科技节中，各中小学学生在集成电路科技馆认识"中国芯"的技术壁垒，在北斗星通学习北斗导航系统的重大意义，在北大医疗产业园初探生物医药领域，在联想集团畅想未来科技，在科大讯飞体验智能语音识别，在百度公司登上无人驾驶汽车，在小米之家感受万物互联的智能家居，认识社会与职业，培植好奇心和求知欲，在心中埋下了科技创新的种子。

三届学区科技节，无论是组织师生走进高校、科技馆还是企业，无论主题、形式如何变化，都是为了将尖端、优质的社会资源统筹、转化为教育资源，真正服务于学生终身发展、教师专业发展和学校特色发展，实现创新人才协同培养，为党育人、为国育才。未来，上地学区将不断努力，充分利用区域优质资源，发挥学区各校科技特色，打造基础教育阶段科技创新人才培养的"上地模式"。

（三）阅读工程项目

中华民族一直都有着优良的读书传统，崇尚读书之风延续几千年。新时代，"全民阅读"成为培养文化自信、实现民族复兴的精神索引。随着"全民阅读"第四次被写入政府工作报告以及《全民阅读"十三五"时期发展规划》等阅读指导文件发布，国家进一步强化了"全民阅读"工作重点，包括举办重大全民阅读活动，加强优质阅读内容供给，大力促进少年儿童阅读，明确指出青少年儿童阅读工作的重要性。

2016年1月，国家新闻出版广电总局下发《关于开展2016年全民阅读工作的通知》，通知要求进一步开展全民阅读进校园工作，充分利用互联网平台，提升数字化阅读的质量和水平。上地学区应势而动，将师生阅读作为重要工作、特色文化来抓，并作为学区"十三五"时期改革和发展规划中的重点工程，在"十三五"规划中提出要创建书香学区，实施"全民阅读"工程，打造微信公众号平台"书香上地"板块等，提升学区内师生阅读素养和文化修养。

上地学区"全民阅读"工程以各校阅读活动与实践为基础，建立以学科阅读、主题阅读、阅读实践及阅读评价为主体的全民阅读体系，着力推广以内容为导向的深度阅读理念，将提供更多优质阅读内容，构建线上、线下立体阅读环境，推动传统阅读和现代生活的新融合，为学生、教师、家长提供各类优质的阅读数字资源，并以学生兴趣为导向开展丰富的阅读系列活动（图7-1）。

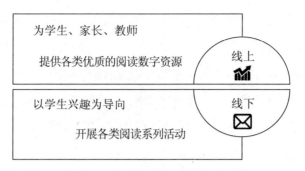

图 7-1 "全民阅读"项目目标

上地学区与中文在线集团建立联盟，共同研发"书香上地"阅读主题课程，通过开展"经典"学科阅读、"特色"主题阅读和"多彩"阅读实践，建设学区微信图书馆，定期进行专题好书推荐，开展主题阅读书单等阅读活动，打造书香学区。学区以微信公众号平台为媒介开展"阅享上地"等线上朗读、阅读活动，平台开设了"书香上地"栏目，设立了"上地书苑""独家书单""玩转书籍"三个板块。其中"上地书苑"是集阅读、学习于一体的互联网开放式数字图书馆，包括电子图书124121册，有声图书751部31957集，电子期刊1000余种，均为正版授权资源。"独家书单"板块结合传统节日、党和国家工作大局、重大节庆活动、学校主题阅读和阅读月等活动，学校师生可以提出书单需求，上地学区联合中文在线集团，甄选思想精深、艺术精湛、制作精良的优秀出版物，提供主题阅读书单和免费电子书，通过微信平台进行发布；"玩转书籍"板块聚焦阅读实践，学区发布演讲、戏剧、探寻传统文化等线上、线下阅读实践活动，并进行图文、音频、视频宣传，展示学区阅读成果，营造全民阅读、书香上地的良好氛围。

线下阅读活动着力打造"书香校园"品牌阅读课程，开展"我与名家面对面"等主题线下阅读活动，带领学生走进国家典籍博物馆、稻香湖非遗科学城，聆听北京电影学院导演和演员进行朗诵、演讲培训，与著名儿童文学作家、北京人民艺术剧院著名导演等面对面，共读诗书，共诵经典。

通过线上、线下立体阅读的形式，打破学区内各校之间的壁垒，形成相互交流、共同学习的良好局面，传播正能量，弘扬社会主义核心价值观，最终打造上地学区沉浸式、立体阅读的书香学区和书香社区，提升全民文化素养（图7-2）。

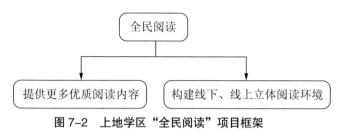

图7-2　上地学区"全民阅读"项目框架

案例5：线上朗读建设"书香上地"，线下总结展示阅读成果

一、阅享上地，主题阅读

2017年6月起，上地学区开展"阅享上地"线上朗读活动，鼓励广大学生、教师、家长等以朗读的形式推荐经典美文、传播正能量、弘扬社会主义核心价值观。"阅享上地"活动的倡议得到了广泛的响应，学区各校校长率先垂范，朗读经典、传递心声，为学区开展全民阅读提供了引领。主题阅读活动引起了各校师生、家长、社区居民的强烈反响，浏览量及投票参与度节节攀升，越来越多的"倾听者"变为了"朗读者"。在"上地主播"的带动下，上地学区前后有1073名学生、143名老师参与其中，"阅享上地"各期推送总浏览量达52561次，大家共同走进书本，醉心书香。

二、阅享上地，传承与创新

为迎接中国少年先锋队建队69周年，推进上地学区"红领巾阅读"进一步深化，展现北京校园戏剧教育联盟助力学校教育的阶段性成果，对"书香上地"系列活动之"阅享上地"活动进行总结和展示，上地学区开展主题为"传承与创新"的师生阅读素养提升展示活动。

（一）原创节目，立体呈现阅读成果

上地学区"全民阅读"工程实施一年有余，各校师生在学区牵手的纽带中不断深化阅读工程，形成了人人爱读书、人人好读书、人人善读书的大好局面。活动中，学区各校的少先队员、共青团员们以朗读、吟唱、戏剧等不同形式的师生原创作品，抒发了他们对于阅读的感悟，展示阅读对于未来公民素养的提升。

A校带来的戏剧《灰姑娘》，把课本中形象饱满的人物展现在队员们面前，圆了童话梦。B校的队员用唱诵的方式表演《四季歌》，朗诵学校萤火虫诗社的原创诗歌，表达对自然、对生活的热爱。C校戏剧社以精彩的原创戏剧《荷塘的约定》，生动再现了一群城市少年和草原伙伴在清华园荷香间写下的约定。D校红领巾合唱团带来合唱《读唐诗》，文字优美、旋律悠扬，展现了阅读唐诗带来的美的享受。F校的团员带来原创诗朗诵《开学第一课》，以阅读的形式为在场的少先队员上了精彩的一课。G校西园诗社的同学通过诗词吟唱《诗经·秦风·蒹葭》，展现了经典古音古韵的别样魅力。H校的队员化身"上地朗读者"，现场朗诵诗歌《黄河》，用声音传承经典、传递情感、传播阅读的感悟。

学区各校的"红领巾阅读者"们在学区搭设的平台上共读诗书、共诵经典、共同创编，互相交流学习，营造了温馨和谐的阅读氛围。

（二）"大树和小苗的对话"，谆谆教诲春风化雨

活动中，上地学区特别邀请到了著名话剧表演艺术家、北京人民艺术剧院著名导演兼演员蓝天野，著名儿童文学作家、北京大学教授曹文轩和北京人民艺术剧院著名导演唐烨莅临指导。来自上地学区红通社的三位小记者对他们进行了采访。三位专家回忆了阅读在自己童年、少年等人生重要时期所发挥的作用，以及阅读对其文学、戏剧创作的影响，希望上地学区的少先队员能够以阅读陶冶情操、涵养心灵、点燃梦想，成为优秀的未来艺术人才。

（三）科学家开讲，倡导阅读涵养创新

阅读作为我国的国家战略，不仅是养浩然之气的精神食粮，也是撬

动世界发展的杠杆。读书不仅能激发文学家、艺术家的创作灵感，也是科学家、发明家的创新源泉。上地学区荣幸地邀请到中科院自动化所研究员陶建华博士为少先队员们带来"阅读与创新"的专题讲座，希望在"中关村科学城"腹地的上地少年们在阅读中传承，在阅读中创新，争做担当民族复兴大任的时代新人。

案例6：疫情居家，线上创新实践活动激发阅读兴趣

上地学区持续开展全民阅读工程，于2020年世界读书日前夕对微信公众号平台"书香上地"板块进行了升级，新增的"玩转书籍"栏目聚焦阅读实践，推出演讲、戏剧、探寻传统文化等形式多样的阅读实践活动，营造全民阅读、书香上地的良好氛围。

一、发布征集令

"书香上地"栏目全新升级，玩转书籍板块的第一项阅读实践活动已经发布，快叫上你的小伙伴，一起来参加#我从书中来Cosplay（一种装扮游戏——编者注）挑战吧！

疫情居家期间，世界各地网友花式模仿世界名画，用创意致敬经典的同时，也给大家的生活带来了欢乐。上地学区的同学们有没有跃跃欲试呢？作为版本升级后的第一项玩转书籍阅读实践活动，上地学区重磅推出"我从书中来Cosplay挑战"，给同学们提供一个阅读、理解、演绎书中人物的舞台。

莎士比亚说过，一千个读者就有一千个哈姆雷特。对于同一本书，不同读者的理解可能各不相同，对同一本书中的人物的理解也是如此。想不想把你对书中人物的理解演绎出来呢？想不想看看大家对同一人物的不同演绎呢？展示才能的机会到了，同学们千万要抓住啊！

二、活动实施

第一阶段（截至学期末）：走进一部文学作品，探寻作者笔下的一位人物。要知道，一位好的 Cosplayer 需要对人物进行全方位了解，如性格特点、思想活动、肢体动作、表情神态甚至与周围角色的关系等。

第二阶段（截至8月底）：请你对书中人物进行 Cosplay，上交你对人物理解的一段文字，再加上一张照片或一段视频，让书中人物"活起来"。

第三阶段：上地学区将对优秀 Cosplay 作品进行线上展示。

三、活动成效

上地学区推出的"我从书中来 Cosplay 挑战"阅读实践活动，学区各校中小学生积极踊跃参加。在四个多月的时间内走进书籍、走进人物，持续阅读、深度阅读，并结合作者的描写和自己的理解，用 Cosplay 的形式将书中人物演绎出来。同学们花式模仿书中人物，用 Cosplay 致敬心中经典，展现了上地学区学子丰富的阅读积累和才华，学区共收到325份学生 Cosplay 作品，学区分3期进行微信宣传展示，颁发了最受欢迎人物奖、最具特色人物奖、最佳服化道奖、全家总动员奖、手工强者奖、最具内涵奖等奖项，呈现了丰富有趣的阅读成果。

最受欢迎人物奖——闻一多

闻一多先生是集诗人、学者、民主斗士三重身份于一身的历史人物，1925年在美国留学期间创作《七子之歌》，新诗集《红烛》《死水》更是现代诗坛的经典之作。1932年他回到母校清华大学任中文系教授，战火纷飞的年代与流亡师生一起南下，最终于1946年在云南昆明被国民党特务暗杀。闻一多先生大无畏的爱国品质受到了同学们的敬仰，他们用 Cosplay 的方式向伟人致敬。

最具特色人物奖

书海浩瀚，在经典书目、经典人物角色以外，上地学区的同学们还认识了很多特色鲜明的书中人物，或被其爱国的精神打动，或被其高尚的人格感染，或被其坚强的意志所激励……他们用 Cosplay 的形式展现自己的兴趣与爱好！

最佳服化道奖

"服化道"即服装、化妆和道具，精美的服化道对于一个优秀的 Cosplay 作品来说至关重要。上地学区的同学们在深度阅读中精准捕捉书中人物特征，用充满细节的服化道完成了一个个优秀的 Cosplay 作品。

全家总动员奖

在众多的 Cosplay 成果中，有一类作品特殊且新颖——作品中出现了学生家人的身影。本次活动以学生阅读作为支点，推动了全家共同阅读，营造了全民阅读、书香上地的良好氛围。

最具内涵奖

战场上，因身边无处安放炸药包，紧急时刻，董存瑞用自己的身体充当支架，手托炸药包，舍身炸碉堡。董存瑞在关键时刻以自己的血肉之躯打通了进攻的道路，为新中国的成立献出了宝贵的生命。他这种不怕牺牲、舍身为国的英雄主义精神深深打动了 A 校沈同学，他用 Cosplay 的形式向榜样致敬。

上地学区开展的"全民阅读"工程项目，不论是对学校、学生的发展还是学区、社区的建设都有很大裨益。就学生发展和学生成长而言，"全民阅读"工程的实施，系统地、立体地增大学生的阅读量、提升学生的阅读能力，一方面，养成了学生良好的阅读习惯，锻炼思维，培养独立思考的能力，为终身学习做好准备；另一方面，通过广泛阅读，拓宽学生的视野，提高其阅读品位，进一步激励学生把个人的价值追求和社会发展相结合，培养学生的忧患意识和社会责任感。就学区层面而言，通过项目的实施，校与校之间可以共享资源，相互学习，举行多样的阅读活动，打破学区内各校之间的壁垒，打造书香学区。就社区层面而言，形式多样的读书活动，充分调动区域内居民的阅读的积极性、主动性和创造性，有利于社区形成相互交流、共同学习的良好局面，助力建设书香校园、书香学区、书香社区。

　　整体来看，上地学区立足于国家发展和区域教育发展的需要，充分挖掘区域资源优势，打破校际壁垒和学段壁垒，通过"项目育人"的模式最大限度地盘活资源存量，实现了资源利用效能最大化。全方位、多种类、多平台的优质特色资源，为区域教育发展注入了新的活力，推动了区域教育高质量发展。

　　一是共建共享的优质教育资源，推进了教育公平。在学区资源的整合实践过程中，上地学区在"项目"整合的方式下，分别扮演了资源开放的推进者、学校需求与社会资源供给渠道的打通者和资源投放的开发者等供给侧角色，给予每个学校、每个学生充分选择的机会，以弥补学校资源的不足，在一定程度上实现了区域教育资源配置的统筹优化，有效推进教育公平。二是项目资源成功投放，提升了育人效能。在项目开发整合过程中，多个资源主体发挥各自的特长和优势，为各个学校和学生提供了可选择性和可参与性较强的项目活动，兼具区域性、育人性、贯通性和主题性，符合育人目标、社会发展、学校和学生发展需要，育人效能大幅提升。

经验小结：

　　项目育人既是一种教育理念，也是一种教育模式，是培养个体核心素养、促进个体德智体美劳全面发展的重要途径。学区项目的开发与实践需要从区域层面整合资源、多方联动、多主体共同参与，围绕"培养什么人、为谁培养人、怎样培养人"这一教育根本性问题和立德树人根本任务，结合区域教育改革和发展中的重大问题和主要任务，实施聚焦"五育并举"的育人项目，如开展组织育人项目、科技创新项目、阅读工程项目，既能满足学生的实际需求，又能促进学生的全面发展，体现育人过程的多元性、选择性和实践性。

经验八 致力共同体建设助力教师发展

百年大计，教育为本；教育大计，教师为本。[①]教师作为学生锤炼品格的引路人、学习知识的引路人、创新思维的引路人和奉献祖国的引路人[②]，其专业发展不仅关系到个人的职业生涯，更与学生的成长成才息息相关。随着社会大众对教育的期望不断提高，对教师的期望和要求也越来越高。因此，新时代教师只有以终身学习为目标，不断汲取本领域和相关领域的知识、研究最新的科研成果，提高自己的教学科研能力，才能紧跟时代步伐，不被时代淘汰。

在充分的基础调研和专家论证的基础上，北京市海淀区上地学区在"十三五"规划中明确提出要建立教师专业发展平台，打造学区教师专业发展共同体，开展基于教育发展和教学方式方法改进的行动研究。

一、上地学区教师发展共同体的提出

基于国家政策导向和上地学区区域改革发展的需要，上地学区积极开展构建教师专业发展共同体的实践研究。

（一）理论基础

"学习共同体理论"起源于学习者组织理论。学者马奇和西蒙于1958年最早提出了"学习型组织"的概念。经过几十年的探究与发展，1990年，彼得·圣

[①] 参见中国政府网：《温家宝在北京三十五中的讲话：教育大计，教师为本》，http://www.gov.cn/ldhd/2009-10/11/content_1436183.html，2021-12-26。
[②] 参见习近平：《全面贯彻落实党的教育方针努力把我国基础教育越办越好》，载《人民日报》，2016-09-10。

吉在《第五项修炼——学习型组织的艺术与实务》一书中对学习型组织理论进行了系统阐述。他认为，在学习型组织中，个体不断提升自己的能力以达到目标，不断形成创新性、延展性的思维方式，不断学习如何共同学习。同时，彼得·圣吉提出了学习型组织需要不断进行的五项修炼，即自我超越、改善心智模式、建立共同愿景、团队学习和系统思考。

从学习型组织的视角出发，霍德、杜福尔、威尔斯等学者对专业共同体进行分析研究。学者们认为教师学习共同体是教师借此破解孤军奋战难题，与身边的同行建立合作关系、合作共赢，促进专业发展的教育理论。以学习共同体为理论基础，专家和学者们将视野聚焦于这种新的学习团体在促进基础教育和学校可持续发展，以及教师专业发展方面的意义，将其作为教育活动主体新的互动方式。

教师学习共同体的研究自在中国落地开始就备受关注，承载着人们通过教师学习共同体推进学校教育可持续发展，推进教师互动交流、专业发展的希望。经过长期的理论探讨和现实尝试，教师学习共同体进入了鼎盛期。上地学区致力于高位优质均衡发展的区域教育目标，充分整合区域教育资源，优化区域结构，为专业共同体的构建提供了相应的资源与支持，使共同体成员持续进行资源共享、信息交流与组织学习，通过实现教师专业发展共同体的小目标，最终达到总体提升区域师资水平、追求师资均衡的大目标。

（二）现实基础

1.国家政策导向

党的十八大以来，党中央立足于中国教育国情，立足于新时代国家建设和人民发展的需要，从教育优先发展的国家战略和教育强国的发展目标出发，深刻指出教师发展对于建设教育强国、发展新时代中国特色社会主义教育事业的重要意义。2017年10月，党的十九大报告明确提出：要优先发展教育事业，建设教育强国是中华民族伟大复兴的基础工程，必须把教育事业放在优先位置，加快教育现代化，办好人民满意的教育。2018 年 9 月，习近平总书记在全国教育大会中再次强调，要在 2035 年全面实现教育现代化。2020 年 10 月，党的十九届五中全会提出"建设高质量教育体系"的目标。

教师是推动教育事业发展的生力军。[①] 我国教育事业的长期稳定高质量发展、创新人才的层出不穷，离不开广大教师爱岗敬业、无私奉献的精神。从某种意义上讲，教育的质量取决于教师队伍的质量，一流的教师队伍创造一流的教育。促进教育公平而有质量的发展，实现教育现代化，关键在于教师。2021 年 3 月，习近平总书记在看望参加全国政协十三届四次会议的医药卫生界、教育界委员时指出：教师是教育工作的中坚力量，有高质量的教师，才会有高质量的教育。

由此可见，教育已经被提升到国家发展战略的高度，关系到国家的富强和民族的振兴，而高质量的教育要依靠高质量的教师。教师作为教育发展的第一资源，肩负着教书育人的时代重任。提升教师专业发展、构建教师专业发展共同体是推动区域教育乃至国家教育事业内涵式发展的重要途径。

2. 区域发展需要

为落实党的十八届三中全会精神，促进义务教育均衡发展，海淀区积极贯彻执行北京市教委"鼓励各区县因地制宜探索多种学区制管理模式"的要求，于 2016 年开始探索学区制改革，旨在通过完善教育内部治理结构，实现政府宏观管理、学校自主办学、社会广泛参与。上地学区发挥统筹、规划、组织、协调和服务职能，不断探索区域治理模式，深度整合教育资源，积极发挥纽带作用，为学校提供主导性服务，负责各方的协调与沟通，大力促进区域教育优质均衡发展。

教师作为教育的主力军，直接影响着区域教育的质量。目前，上地学区还面临着区域内学校办学规模和教育质量存在明显差异、骨干教师数量和学科分布极其不均衡，各校教师之间、学科之间差异明显等问题。为更好地促进区域教育长远发展，缩小区域各校师资力量差距，缓解区域内资源分配不均的问题，

---

① 参见黄蓉生：《论教育、教师与师德》，载《西南大学学报（社会科学版）》，2012，38（5）。

学区加强校际的交流与学习，扩大优质资源辐射范围，通过内部人力资源的共享共研和流动融通，以及外部人力资源的高位注入和协同互动，对区域内外人力资源进行整合，不断提升区域教师专业能力水平。学区于2017年3月发布《"十三五"时期教育教学改革和发展规划（2016—2020）》，在规划中明确指出，建立教师专业发展平台，构建上地学区教师专业发展共同体，制定了上地学区《三年教师发展共同体研修方案（2017—2019年）》，由此加强区域干部、教师队伍建设，促进教师专业成长，提升教师学科素养和育人能力。

上地学区依据海淀区教委《关于进一步推进教研工作的指导意见》《海淀区中小学课堂指导意见》，在海淀区教师进修学校引领下，认真贯彻落实海淀区"5+M+N"三级联动深度教研。经过不懈努力，区域教师专业发展共同体培养体系日益成熟，教师研修策略逐渐完善，形成了具有上地学区特色的教师研修模式。

二、上地学区教师专业发展的成效

学区在北京市中小学教师培训科研课题《教师共同体框架下学区研修策略》的引领下，深入开展行动研究，在实践中不断提升理论高度，探索顶层设计，挖掘底层逻辑，凝练学区层面的研修策略，构建上地学区教师专业发展共同体 DST 实践模型（图 8-1）。

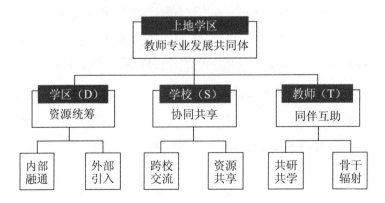

图 8-1　上地学区教师专业发展共同体 DST 架构

　　上地学区教师专业发展共同体主要由学区、学校、教师三大主体组成。其中学区行使政府职能，主要进行区域教育资源的统筹，包括外部优质资源的引入和内部资源的融通；学校是独立法人单位，有自主管理权，在学区教师专业发展共同体建设中秉承协同发展的理念进行资源共享和跨校交流；教师是学区教师发展共同体建设中的核心要素，他们在各自的学校肩负着不同的岗位职责，通过学区平台进行共研共学、骨干辐射，针对性地解决实际问题，实现同伴互助。学区、学校、教师这三大主体紧密联系、缺一不可，各自发挥着重要的作用。

　　教师专业化发展是一个复杂和漫长的过程，其发展的核心是专业成长，需要一定的路径或策略来实现。上地学区在教师专业发展共同体的框架下，聚焦区域教师实际问题，精准发力，从师德修养、学科教研、教育科研、课程实践四方面积极开展有别于区级和校级研修的学区特色教研活动，不断提升区域内教师的专业思想、专业品格、专业知识、专业能力，探索出独具特色的上地学区教师专业发展实践策略（图8-2），为区域内教师进行全方位、多元化的专业培训，为教师专业成长赋能。

图8-2　上地学区教师专业发展实践策略

　　其中，专业思想是指教师的教学理念和育人理念，专业品格是指教师的职业道德和师德师风，专业知识是指教师在教学中应具备的学科专业知识和素养，专业能力是指教师在教学、科研、课程研发等方面所具备的技巧和能力。

（一）师德师风培训，提高教师思想素养

师德是教师职业的灵魂，是教师素质的核心。上地学区注重师德为先，把师德培训放在首位。坚持以习近平新时代中国特色社会主义思想为指导，坚持以社会主义核心价值观为引领，坚持把师德师风作为评价教师队伍素质的第一标准。通过开展师德师风培训项目，全面落实市、区关于师德师风建设的总体部署，建立区域师德建设长效机制，构建大、中、小、幼一体化的师德师风建设闭环管理制度体系，使教师坚定理想信念、厚植爱国情怀、涵养高尚师德，牢记为党育人、为国育才的时代使命。

为全面提升新时代教师思想政治素质和职业道德水平，上地学区推出"师德锤炼"系列培训项目，聚焦师德师风、普法教育、学科德育、传统文化、家校合作、班级管理等多维度开展培训实践活动，不断丰富师德内涵，提高区域教师的德育素养。

1.明确培训要求

为进一步贯彻《关于加强和改进新时代师德师风建设的意见》《中共北京市委 北京市人民政府关于全面深化新时代教师队伍建设改革的实施意见》等文件的精神和要求，全面深化新时代教师队伍建设改革，上地学区面向教师组织开展师德专题教育，加强教师队伍思想政治工作，强化以党建引领为重点的"四史"学习教育，大力提升教师职业道德素养，将师德师风建设要求贯穿教育教学管理全过程，营造全社会尊师重教的良好氛围。

2.确定培训内容

一是强化党建引领。依托上地学区党建协作委员会，开展党员教师轮训、"党史学习教育"专题培训等教师理论学习，开展对习近平总书记关于教育的重要论述的系统化、常态化学习。学懂弄通、入脑入心，自觉用"四个意识"导航，用"四个自信"强基，用"两个维护"铸魂。弘扬高尚师德，潜心立德树人，做好学生的引路人。

二是强化价值导向。通过"请进来、走出去"的方式，听取教育大家的报

告，走出校园互学互访，引导教师带头践行社会主义核心价值观并融入教育教学全过程，体现在学校治理及校园文化建设等方面，使之成为共同价值追求。学区针对不同成长阶段的教师，因地制宜地开展中华优秀传统文化、科技创新文化、红色文化等实践教育，充分发挥文化涵养师德师风功能，使青年教师厚植教育情怀，不断激发教师修身养德的思想自觉和行动自觉。

三是强化法治教育。学区将法治教育内容纳入师德师风培训体系，提高教师的法治素养，增强法律意识，提升依法执教和规范执教能力。学区结合新时代教师职业行为十项准则、师德考核办法和违反职业道德行为处理办法、师德失范行为处理的指导意见等系列文件开展学习教育活动，增强准则意识，加强警示教育，引导教师自省、自警，坚守师德底线。

四是强化楷模精神。学区开展"我身边的师德榜样"优秀教师选树活动，树立师德典型，采取师德典型案例评析反思、情景教学等形式，开展交流座谈，宣讲师德故事。

3. 多元培训方式

在师德培训过程中，学区针对不同发展阶段教师的个体差异、校际差异和育德能力差异，采用多样化的培训组织形式，开展多途径培训，增强培训课程实施的适切性、有效性和针对性。学区倡导自主学习、合作学习、体验性学习、研究性学习和创新性学习等多样化学习方式，运用专家讲授、案例研究、经典阅读以及发掘师德典型、讲好师德故事等培训方法，确保培训实施的效果。

（1）党建引领，坚定理想信念。

学区发挥党建协作委员会、团建协作委员会、教工团总支等组织作用，围绕爱国爱党、爱岗敬业、乐于奉献、习近平新时代中国特色社会主义思想学习、国家意识与国际视野、党史学习等内容，通过党员轮训、主题党团日、"三会一课"、专题组织生活会等形式，提高广大党员、团员教师的政治意识，做到永远听党话、跟党走、担使命、育新人。

在学习"四史"的过程中，学区设计"党史我来讲""党史我来学""党史我来寻""党史我来唱"四个板块进行培训，引导各校、各党组织，广大党员、团员教师以党史学习教育为契机，立足教书育人、践行弘扬高尚师德，把"四史"内容作为课程思政的重要素材有机融入课堂教学，坚定理想信念。

（2）上地大讲堂，修炼道德情操。

坚持立德树人、德育为先，上地学区开设"上地大讲堂"，围绕中华优秀传统文化与社会主义核心价值观、法治意识与依法执教、诲人不倦与魅力修炼、家校协同与家庭指导等主题，聘请专家、各行各业的楷模，区域内优秀的书记、校长、党员开展贯串全年、面向学区各校教师的师德教育系列专题讲座，做好思想政治工作和意识形态工作，开展社会主义核心价值观教育，引导各校教师明师德要求、遵师德规范、守师德底线，促进各校加强文化和精神文明建设，推动形成良好校风教风学风。

学区充分挖掘利用各种社会资源，开展"上地大讲堂"活动，如在海淀区敬德书院举办沙龙活动，和专家一起从不同层面、多视角地围绕"传统文化与师德教育"主题，阐述中华优秀传统文化的现代价值，全面揭示了传统文化中关于师德教育的思想内涵与实践方法。通过本次培训，区域内的教师们更加明确了新时代社会公众对教师的职业素养、师德师风提出的更高要求：一是要从中华优秀传统文化中汲取营养，继续发扬优秀传统文化；二是要结合时代要求，创新思想，不断提高个人修为；三是明确无德不足以为师，立德树人、传道授业解惑的使命决定了教师行为规范的必要性。

（3）分类实施，设置培训课程。

教师拥有扎实的学识就需要在严谨治学、科学施教、与时俱进上下功夫，坚定理想刻苦钻研，积极探索勇于创新，在持续学习中保持积极的情感状态，持之以恒地投身教育教学实践，从而响应新时代的教育教学改革。

根据《中小学教师培训课程指导标准》，学区师德培训始终坚持以人为本，心中有教师，注重师德养成的规律以及不同阶段教师的实际需要。根据师德养成的规律与课堂教学实践的需要，分类设置师德培训课程：一是必修的通识性、基础性课程，重在明确教师必须遵守的基本规则与要求，如学区开展的对"双减"、新课标、未成年人保护法等的培训；二是基于学科育人与课堂实践的拓展性、体验性课程，重在激发教师对师德进行自我反思、自我感悟与自我升华，如与清华大学一起开展的"心理健康教育""学科能力提升"等培训；三是以问题解决为出发点的专题化、特色化课程，重在促进教师在教学生涯中自觉践行高尚的师德行为，如通过"名师高徒"、北京市基教研中心视导等高端研修项目，多渠道渗透师德教育理念，加强各学科社会主义核心价值观教育的内容挖掘、融合实施和效果检验，引领广大教师在学科教学中将社会主义核心价值观具体化、细致化、日常化，全面提升教师立德树人能力。

（4）媒体宣传，培植仁爱之心。

师德培训中，学区充分挖掘各类典型案例，如当代优秀人物、教师楷模等，通过线上微信公众号、录制音频视频、线下宣讲团和宣传画报等多样的新媒体阵地，进行大力宣传，以优秀的人物和事迹鼓励、引导教师正面成长，促进教师的师德学习、体悟、反思和践行，成为具有仁爱之心的优秀教师。

在落实立德树人根本任务的生动实践中，学区结合教师节、青年节、党的生日等时间节点，在微信公众号上开展"讲好上地学区的故事　传播好上地学区的声音""我骄傲，我是光荣的共产党员""书记校长故事汇"等活动；线下成立学区师德宣讲团，走进各校对崇德修身、潜心育人的优秀党员、"四有"教师（标兵）和育人先进个人的事迹进行广泛宣传，弘扬高尚师德风范的情怀与坚守。

上地学区组织少先队员唱响建党百年版《少年》，并邀请7所中小学书记校长、党团员教师录制MV，以生动的形式展示了上地学区党团员教师学党史讲党史、为党育人为国育才的风采。MV发布到微信后引起强烈反响，浏览量高达5.8万次，获得673次转发和1573次点赞，并经海淀教工委宣传科推荐，发布至首都教育抖音号、央视频等多个新媒体平台，增强了党史学习教育的实效性，引导广大教师要努力培养担当民族复兴大任的时代新人，培养德智体美劳全面发展的社会主义建设者和接班人。

（5）经典阅读，践行终身学习。

"终身学习"是教师专业发展的原动力。"金无足赤，人无完人"，这个大写的"师"对教师提出了更高的要求。在今天这样一个日新月异的时代里，终身学习将成为教师工作的一部分，成为教师直面和有效解决各种教育问题的有力法宝。

学区借助重要的节点、活动等，以"独家书单"的形式向区域广大教师推荐好书，组织经典阅读活动。在建党100周年之际，借助第26个世界读书日推荐《历史的选择：中共早期领导人纪实》《现当代文学中的党史研究》《筚路维艰》《道路自信》等；《中华人民共和国家庭教育促进法》正式施行后，借助第27个世界读书日，推出家庭教育主题系列书单《家庭教育》《卡尔·威特教育箴言》《毛泽东是如何教育子女的》等。通过引导好书阅读，提升人文素养、提升人格魅力、践行终身学习，不断实践创新与时俱进。

案例1：上地大讲堂——班主任师德素养提升

为了贯彻海淀区教委德育科提出的引导班主任争做"四有"好教师和"四个引路人"的要求，学区大讲堂推出了"融和提升、精确谋划"学区班主任培训系列活动。

2018年8月30日，为更好地引导班主任争做"四有"好教师和"四个引路人"，学区特别邀请著名社会教育家、清华大学原副校长谢维和教授，面向区域内各中小学、幼儿园班主任及教师开展"立德树人的逻辑与实践——兼谈学校德育的改革"的培训，向老师们讲授基础教育的改革核心就是要"立德树人"，明确没有德育就没有教育，德育是影响最深远的教育，是当前深化教育改革最重要的领域。

谢维和教授通过深入剖析一线校长和教师提供的教育实践案例，认为学习成绩优秀的学生，在道德品质上都有"自觉性"的共同点。因此，他强调德育与智育的关系要打破知识、品行分家的二元论，教育最重要的意义是帮助学生认清自己，用志向来支撑起自觉性，不断提高学习的自律性；自律性是道德的最基本特征，对自己的自觉管理是本质性的道德修养。

谢教授独特的研究视角、严谨的治学态度、高度凝练的学术理论、充满激情的精彩讲座引发了教师们对自己本职工作的再认识、再思考，为老师们在德育与智育工作中找到了关键的契合点，为今后的德育工作指明了方向。

德育不仅指对学生进行的品德教育，也是指一名合格教师必备的修养，是衡量一名教师最基本的尺度。班主任在德育教育中发挥着不可替代的作用，是学生成长的教育者，是班级的组织者、领导者，也是家长和学校沟通的桥梁。

案例2：必修课程——教师普法意识增强

抓好师德师风建设是打造高素质教师队伍的内在要求和重要保证，是确保教师"为谁培养人"的前提和基础，更是保证教师自觉践行立德树人根本任务的关键。为落实市、区师德专题教育工作方案要求，上地学区将开展师德专题教育列入2021年工作要点，并制订本学区师德教育工作方案，结合实际稳步推进。

2021年6月1日起，新修订的《中华人民共和国未成年人保护法》正式施行，此举是国家根据国情以及当前未成年人所处的环境等作出的重大改变，体现出国家更好地维护未成年人的合法权益，促进未成年人健康成长，保证党和国家事业后继有人的决心，对于保护未成年人有着重要的意义。

为提升区域内教师法律素养，帮助教师快速学习了解新修订的《中华人民共和国未成年人保护法》，提高教师的守法自觉性，在日常生活中更好地教育引导学生，学区面向全体中小学、幼儿园教师开展线上与线下结合的普法专题培训。活动特别邀请到主讲人北京某律师事务所主任万律师，为学区1000余名教师宣讲涉及未成年人保护的相关法律和规定。

万律师将法律知识和教育实例相融合，培训内容专业性和实操性强，通过大量的实际案例，解读抽象的法律规定，帮助教师理解有关法律规定，认清依法依规教育、保育的重要性，遵守国家法律法规，自觉普法、学法、守法、用法；遵守教育教学规范，切实做到依法执教，助力各校依法治教进程的推进，落实了立德树人的根本任务。

师德必修课程——法治意识和依法执教研修主题的学习，有助于提升学区教师思想政治素质和职业道德水平，推动师德建设常态化、长效化发展。

案例3：师德宣讲团——"我与祖国共成长"

2019年是新中国成立70周年，为落实各级党委、政府关于广泛组织开展"我和我的祖国"群众性主题宣传教育活动通知的精神，上地学区组建优秀党员教师宣讲团，通过线上、线下相结合的形式讲述各校书记校长和优秀党员教师为党育人、为国育才的教育故事。同时，在第35个教师节来临之际，上地学区在F校开展"我与祖国共成长"师德宣讲活动，来自学区各中小学的500余名师生一同参与活动。A校教师李老师和B校教师王老师以"个人"与"小家""大家""国家"的关系为视角进行宣讲，动员学区全体教师把爱国奋斗精神转化为实际行动，立足本职作贡献、建功立业新时代。两位优秀的党员教师牢记使命、履职敬业、追梦筑梦、服务师生的感人事迹令全体与会人员为之动容，他们也成为学区党员教师教书育人、爱岗敬业的模范。

案例4：思政研修——《习近平新时代中国特色社会主义思想学生读本》

　　师德培训应注重提升教师的思想政治素质，引导教师树立正确的历史观、民族观、国家观和文化观，将社会主义核心价值观的认同与践行贯串师德养成的全过程。引领教师坚定中国特色社会主义道路自信、理论自信、制度自信和文化自信，增强教师的政治意识、大局意识、核心意识和看齐意识，推动教师成为先进思想文化的传播者和中国共产党执政的坚定支持者，确保教师以"德"为核心的正确发展方向。

　　为深入推动习近平新时代中国特色社会主义思想进教材、进课堂、进学生头脑，增强学习的系统性、实效性，落实立德树人根本任务，教育部组织编写了大中小学《习近平新时代中国特色社会主义思想学生读本》，它是学生学习习近平新时代中国特色社会主义思想的重要教材，是推动大中小学思政课一体化建设的重要载体。

　　2021年12月16日，由北京市教育科学研究院基础教育教学研究中心主办，上地学区C校、北京市东城区S校联合承办的《习近平新时代中国特色社会主义思想学生读本》（以下简称《读本》）北京市同课异构教学研讨及座谈会在C校举行。教育部教材局局长田慧生、副局长刘宏杰、北京市基教研中心主任贾美华等专家领导出席了本次研讨活动。

　　学区组织各校干部教师，通过线上线下的方式参加研讨。两校干部教师，围绕小学低年级《新时代新生活》《伟大的中国梦》、小学高年级《绿水青山就是金山银山》《人类是一个休戚与共的命运共同体》进行同课异构。之后，与会领导、专家召开《读本》教学座谈会，田慧生局长在讲话中强调要发挥《读本》作用，用习近平新时代中国特色社会主义思想铸魂育人，希望两所承办学校及北京市引领全国用好《读本》。

　　通过学习，学生不断深化对习近平新时代中国特色社会主义思想的系统认识，逐步形成对拥护党的领导和社会主义制度、坚持和发展中国特色社会主义的认同、自信和自觉。教师要教好《读本》，就要成为先进思想文化的传播者、党执政的坚定支持者和学生健康成长的指导者，这样才能很好地引导广大学生坚定中国特色社会主义道路自信、理论自信、制度自信、文化自信，立志听党话、跟党走，形成正确的世界观、人生观、价值观。

（二）学科分层研训，提高教师教学能力

上地学区高度重视教师专业发展，认真落实海淀区教师进修学校"5+M+N"三级教研要求，结合"5"和"M"研究热点，纵向深入开展学区N教研，积极统筹各级各类教育资源，发挥人力资源作用，开展学科分层教研（图8-3），以此满足不同阶段教师的专业发展需求，助推教研"最后一公里"精准落地。

面向新任教师，学区依托区进修学校师训部《新任教师区级培训》要求，主动承担同课异构培训任务；面向青年教师，学区依据区教委人力资源科《教师交流工作方案》，开展跨校"青蓝携手"师徒结对活动；面向成熟教师，学区依照区教师进修学校《进一步推进教研工作指导意见》，开展学科基地、课题研究等共享共研项目活动；面向骨干教师，学区依据各校真实需求，精准服务教师专业发展，开展市级视导、高端研修等特色项目；面向领军教师，开展"名师高徒"一对一长期培养项目。

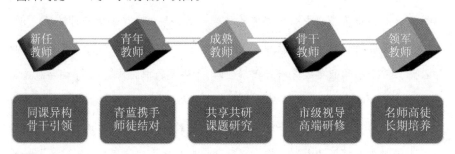

图8-3 上地学区学科教师分层研修模式

1.新任教师，新手启航

新任教师是指刚步入教学工作岗位1~2年的新手老师，由于刚刚从院校毕业，他们缺乏对真实课堂的认知和掌控能力，对自身专业发展目标不是很明确，欠缺问题诊断和解决能力，需要在骨干教师或成熟教师的帮助或引领下，

快速获取教师角色所应具备的教学知识和技能，并通过大量的教学实践积累经验，不断提升自己的专业素养和水平。

面对新任教师的特点，学区依托海淀区师训部，在区域各校的大力配合下，推出学区"新手启航"项目，通过开展区域新教师之间、骨干教师之间、新教师与骨干教师之间的同课异构教研活动，帮助新任教师快速提升教学理念和执教能力。学区已面向区域各小学语文、数学、英语、科技、体育、道法（即"道德与法治"）、心理 7 门学科开展同课异构活动 10 余次，累计参与教师达 400 余人次，通过教学展示、交流研讨、课题观摩等形式，不断增进校际新任教师相互间的了解，加强对教学方法和教学策略的学习，充分发挥区域教研作用，大大促进了新任教师的专业成长。

（1）新任教师同课异构碰撞火花

以英语学科为例，学区积极承担海淀区小学新任教师的培训，开展"基于英语学习活动观的小学英语课堂"教学观摩活动。在海淀区教师进修学校教研员、区教师进修学校师训部教师的指导下，2019 年海淀区小学英语新任教师共计 80 余人参加了教学观摩活动。D 校新任教师邓老师与 R 校（其他学区学校）新任教师王老师执教同一课题，针对人教版英语一年级下册第 5 单元的第 4 课时"Story Time"进行"同课异构"。两位教师从不同的视角对教材中的内容进行深入的挖掘，体现出对文本内涵的理解，关注低年级英语教学的趣味性，课堂上注重对学生语用能力的培养，在阅读能力的培养上下功夫，通过细节引导学生对文字进行理解。

"同中求异，异中求同"，同课异构是思维的碰撞，尤其对于新入职教师而言，可以看到同一教学内容因不同的教学设计和教学方法而带来的不同课堂感受和教学效果，呈现出课堂教学的灵动性和创造性，为新任教师拓宽教学思路、优化教学方法提供了很好的学习交流机会。

（2）骨干教师同课异构示范引领

以语文学科为例，C 校是部编教材先期实验学校，学校围绕单元整体教学这一专题研究进行部编版四下单元整体教学展示交流。C 校赵老师和王老师两位骨干教师为上地学区各校语文教师及 2019 年海淀区小学语文新任教师近 100 人进行教学示范展示。

赵老师执教《巨人的花园》，利用工具撬动，引导学生进一步挖掘童话"纯真与美好"的精神内核。王老师执教童话习作《龟兔赛跑》，通过"讲与评"一线贯串的方式，进一步提升学生审美素养，感知童话的"真、善、美"。课后两位骨干教师进行说课，与新任教师分享教学设计思路。活动不仅为骨干教师提供了锻炼展示的平台，同时又为学科教师创造了互观互学、交流研讨机会，特别是给新任教师在教学方法和教学策略上提供了良好的学习范例，实现新任教师与骨干教师的共同进步、共同成长。

（3）骨干教师与新任教师之间同课异构对比提升

以道法学科为例，学区积极探索跨区联动教研活动，在北京市基教研专家的指导下，2020 年 12 月围绕"把握新教材　践行新理念"主题，开展《责任在肩　人民在心》道法学科同课异构教研活动。上地学区 F 校新任教师许老师与朝阳区 S 校骨干教师薛老师共同执教六年级《身边的国家机构》一课，进行同课异构教学展示，区域各校道法学科教师近 40 人参加了课堂观摩。

两位教师发展阶段不同，对教材的理解、课堂把握、切入视角、教学理念均有所不同，但他们都以学生为本，尽可能地选取贴近学生生活实际的案例进行情境式教学、探究式学习，引导学生理解课堂主题和内涵，帮助学生突破重点和难点，落实立德树人根本任务。

骨干教师与新任教师的跨区同课异构教研活动，一方面，打破区域局限，从多角度帮助道法教师深入理解新教材、用好新教材，充分挖掘蕴含其中的社会主义核心价值观，引导学生树立国家意识，培养学生爱国情操，为学生发展奠定思想基础；另一方面，骨干教师与新任教师同课异构，鲜明地体现出不同发展阶段教师在教学中所呈现出的特点和差异，吸纳和挖掘彼此的教学闪光点，对新任教师和骨干教师来说都是很好的学习和提升机会。

2. 青年教师，青蓝携手

青年教师一般指已经工作 3～5 年的教师，他们知识面广、观念新、亲和力强，学习能力和接受能力强，具有很强的塑造性，已经具备基本的教学能力，是未来青年骨干教师的主力军。但由于工作时间有限，很多青年教师在教学实践中仍然会遇到很多困惑，教学预设不到位，重点难点把握不准确，自我反思能力不足，应对棘手或突发的教学状况时有些迷茫，需要不断地学习和提高。

针对青年教师的发展需求，学区积极发挥人力资源统筹作用，不断探索新型教师培养模式，充分利用骨干教师示范引领作用，组织区域优质校 A 校骨干教师与薄弱校 B 校青年教师结对，开展跨校"青蓝携手"项目，将优质教师资源辐射到薄弱学校。一方面，师父要对徒弟进行诊断分析，进行有针对性的带教指导，向徒弟介绍教学经验，提供教学信息，推荐学习书刊，帮助徒弟树立正确的教育思想和现代的教育理念，指导徒弟备课，每月听评课等；另一方面，徒弟结合自身情况制订个人专业发展计划，虚心求教，认真钻研，勤学好问，主动听师父的课，每学期上一次汇报课或公开课等。

在青年教师培养项目中，师父结合徒弟的自我成长规划不断进行诊断分析，帮助青年教师找准定位，规划专业发展方向，做青年教师专业成长的引路人。两校师徒本着"共同学习，一起进步"的理念，在两年内开展了近 20 次师徒结对活动，累计辐射区域教师达 500 人次。

案例 5：青年教师迅速成长——逢君时节花正开

B 校　王贤

作为一名青年教师，实践告诉我不仅要注意积累，而且要树立终身学习的理念，主动进行知识的更新和"充电"。学区为了促进新教师专业成长，增进教师间的业务交流，提高学校师资的整体水平，提高教学质量，开展了跨校师徒结对活动，制订了《上地学区跨校结对师带徒方案》，我有幸成为 A 校陈文彦老师的徒弟，自此之后有了更多锻炼自己的机会，专业素养及各方面能力均得到了提升。

陈文彦老师通过听评课等方式，对我进行了分析，帮我做了自我规划，制定了三年发展目标。师父为我指导的第一节课是《松鼠》，教我如何梳理核心问题、如何指导学生小组合作，如何研读教材教参，如何做单元备课，一步一步地带着我写教学设计，此后我可以独自撰写教学设计了。每周我必去师父学校一次，或者师父来我学校一次，我听师父的课、师父听我的课，我向师父请教备课中的困惑，请师父指导。

在师父的帮扶下，我不断进步，学校也给我搭建成长的平台，先后承担了多次区级、学区级、校级研究课、展示课任务，师父始终指导我备课，完善教学设计，创新教学环节，令我心生感动。

随着我的能力一点一点地提升，机会也随之而来，海淀区和学区共同组织了"儿童国际阅读论坛"活动，师父鼓励我承担一节整本书阅读课，师父帮我选书，和我一起读这本书，我们一次又一次地重做教学设计，试讲、评课，一次次地研磨，我终于顺利地完成了任务。从选书到教学设计、修改教案、磨课，直到完成任务，这是一个备受考验的过程。好在学区给了我们展示的机会，伴着紫藤花香，我和孩子们享受了一次"阅读"的饕餮盛宴，收获满满。

还有一次，接到和本学区的几位老师一起前往新疆喀什八一爱民学校送教的任务时，我更是手足无措，还好师父和我一起选课、磨课，学区的前辈们也给了我很大的帮助。作为上地学区的一名教师，我抱着对新疆的憧憬、对教育的热爱前往喀什，果然，此行成了我教育生涯中不可或缺的一笔，我认为自己对教育的热爱无人可比。到了新疆，我结识了李校长等扎根边陲的教育工作者们，才知道什么叫"情怀"。可能就是那种不要鲜花和掌声，不为名誉与金钱，数十年如一日的坚持；可能就是那种舍小家为大家，为了民族的振兴与团结付出青春的坚守。相比他们我自愧不如，给新疆小朋友上的那节课更是让我难忘。

作为一名青年教师，我是幸运的，能在海淀区、在上地学区、在B校任教，共享优质资源。作为徒弟，我诚挚地感谢师父对我的关心和爱护，在师父的影响下我认真实践、及时总结，我的教学水平不断进步。

感谢学区为我们青年教师搭建了一个又一个的优质平台，感谢学校给了我不少锻炼的机会，为我提供了学习成长的基地，我会继续乘风破浪，无问西东，无畏前行！

3.成熟教师，共享共研

成熟教师，一般是指工作5～10年的教师，他们在班级管理和教学教研方面已经有所积淀，初步形成自己的教学风格和教学特色，对专业发展会产生一定的倦怠感。成熟教师如何突破已有的禁锢，超越专业发展"瓶颈"，进一步适应时代发展需求，提升教育教学能力至关重要。学区在推进区域教师队伍发展中尤为关注成熟教师群体，借助学区学科教研基地平台，充分发挥基地辐射引领作用，通过开展"专题性""系列化""多元性"等基地研修和学科共享共研活动，全面提升成熟教师的学科素养和教学能力。

据统计，上地学区共组织100余次开放研修培训活动，这种没有围墙的教研，受到各校欢迎，促进了校际、学科间、学段间、团队间的多维交流，眼界的开阔、思维的提升，不断提高学科教师的教学实践能力和综合素养，真正让区域教育高位、优质、均衡发展的愿景成为现实。

案例6：成熟教师能力提升——专题指导二次成长

教师在不同的事业生涯发展阶段，其教学动机、教学经验及教育教学能力等方面均表现出不同的特点。区域教师专业发展情况调研结果显示，成熟教师对教学环境感到舒适，并能理解教学活动，能处理教学中发生的绝大部分事情，与新手教师相比，他们在教学上取得了一定的成绩，在学生管理、学科教学和人际交往等方面都积累了一定的经验，应付日常工作游刃有余。但是，他们也面临着一些问题，其中最大问题就是专业发展意识薄弱，缺乏动力，体现在日常教学中表现为职业倦怠，专业发展停滞不前甚至倒退。

针对上述情况，上地学区以海淀区七年级学业监测为契机，制定《中小学业衔接系列研究》方案，面向成熟教师开展聚焦学业质量提升的培训。从通识培训到分学科培训，从经验介绍到课堂实践，从面向全体到因需帮扶，学区在海淀区教研员的指导下，找准着力点，带领中小学成熟教师扎实开展了一系列研修活动，有效提升了成熟教师的积极性。

通识培训把准脉络

学区特邀海淀区进修学校领导，对区域内各学科教师进行《理解评价　分析数据　反思教学——兼谈教—学—评一致性》通识培训。从评价指标到评价工具，从数据反馈到改进建议四大方面，通过翔实的数据，对本学区七年级语文、数学、英语三科学业发展水平测试中的达标指数和学生学业发展水平分布情况进行了详细解读，指导教师们分析数据背后存在的问题并总结提炼经验，发现问题、解决问题，实现"教—学—评"的一致性，真正理解七年级监测的意义，把教学理念真正落实到教学课堂中，回归教学本源。

学科培训专业指导

除通识培训外，学区还组织了分学科培训，特邀海淀区语文、数学、英语学科教研专家，为区域内中小学成熟教师进行"核心素养导向下的学业测评与教学改进"讲座。各学科专家根据监测数据以及学区前期调研需求，结合试卷例题，结合各科核心素养，围绕考什么、怎么考、怎么教三方面，从学业指标体系到学科思想，从情境素材和典型任务的设置到命题方向，从调研数据反馈与诊断到各个领域的教学建议，进行了详细生动的解读。

通过通识培训和专业指导，区域成熟教师对学生学业质量监测有了更深刻的认识，更加清晰地认清了自己教学中的成功经验与不足，促进了教师的专业改进。

4.骨干教师，高端研修

骨干教师具有丰富的教学经验和较强的专业引导力，对教学具有很强的洞察能力和自省能力，能够快速解决教学实际问题，对教学目标把握清晰准确，处于教师专业发展的上升期和黄金阶段。但骨干教师由于专业发展有了一定的成就，自我认知处于满足的状态，会有经验至上或竞争意识薄弱的倾向，急需开阔视野、更新知识结构、提升教育品格。

考虑到骨干教师的实际情况，学区积极调动人力资源，分别与北京教科院基教研中心和清华大学继续教育学院合作，面向区域骨干教师开展市级视导和高端研修项目，对骨干教师进行课堂教学诊断和综合素养提升培训，以此提高骨干教师教育教学能力和创新思维能力，开阔骨干教师视野，提升综合素养，拓展教育格局，赋能专业发展。几年间，学区面向骨干教师开展的针对性培训达 30 余次，累计参训教师 1500 人次。

案例 7：骨干教师素养提升——教学诊断课堂改进

骨干教师，既是一种荣誉，更是一种责任，要在教师群体中发挥领头羊的作用，就必须要在专业上拎得起、立得住。2017 年至 2019 年，上地学区与北京市基教研中心连续三年面向区域中小学各学科骨干教师开展主题为"学科素养与教学改进"的视导活动，对骨干教师进行教学诊断，不断提高区域内骨干教师教育教学能力。三年中，区域内骨干教师在学科专家的指导下直面问题，扎实开展教学改进和学科教研，教学能力和育人能力全面提升。

1. 积极落实党员骨干"双培养"

三年视导，共有152名市级专家进入，参与作课、汇报骨干教师364人，形成281节课评反馈，覆盖中小学16个学科，其中党员教师195人，占比逐年上升，贯彻落实了党组织鲜明的"双培养"用人育人导向，即把骨干教师培养成党员，把党员培养成骨干教师（见表8-1）。

表8-1 教师共同体风采展示暨视导活动三年统计表

时间	定位	专家	参与教师	党员教师	党员占比
2017年	基于需求，调研诊断	59名	115名	62名	54%
2018年	基于问题，研究改进	43名	114名	58名	51%
2019年	基于素养，成果汇报	50名	135名	75名	56%

2. 不断提升育人理念

立德树人，着力培养担当民族复兴大任的时代新人，为学生终身发展奠基，是上地学区教师发展共同体的奋斗目标。区域内骨干教师在三年的课堂改进中最突出的表现就是更加关注学科的本质，狠抓学科素养的落实，深入挖掘每一节课的教育意义和落脚点，深入浅出地在课堂中进行德育渗透，提升学科课程的育人品质。

骨干教师更清晰地意识到"用教材教"，而不是"教教材"。教师在课前会思考这一课会发展学生的什么能力，这一课起到什么作用，体现什么思想，在备课时或者在备课前就已经有了清晰的认知。在这种思路的引领下，骨干教师立足深度学习，立足单元整体教学设计，提高课堂品质，打开学生的思维，注重过程评价，鼓励学生创造性地发挥，充分发挥课堂教学主渠道作用和学科育人功能。

3. 不断提高教学水平

骨干教师更加关注学生个体差异和课堂学习的实际获得，对学生学习难点进行精准预测，教学过程中重点落实教学目标，并为学有余力的学生精心挑选拓展材料，满足不同层次学生提升的需求。同时，骨干教师更注重以学生为本，做学生学习的引导者和帮助者，课堂的重点从教师如何讲授转移到学生如何学习。教师会利用多种方式调动学生的积极性，尊重每一位学生的想法，耐心倾听后逐步启发引导，针对核心学习活动制订评价方案，发挥评价育人的功能，因势利导发挥学生的智慧，培养学生的高阶思维，进行深度思考，使学生始终处于课堂的中心。

案例8：骨干教师能力提升——夯实教学基本功

2019年，海淀区教委面向小学区级学科带头人、骨干教师开展教学基本功展示活动。学区以本次比赛为契机，以培训促提升，以展示夯成果，全面提升教师业务能力和水平，面向各校学科带头人、骨干教师开展基本功培训，搭建练兵比武平台。

1. 开展论文写作通识培训

根据区里指定的"学习方式变革的研究与实践"论文主题，10月16日，学区邀请区教科院专家对各校骨干教师进行题为"谈谈教育论文的撰写"的专业写作指导讲座，引导教师在日常教学中更系统地、科学地梳理和归纳教学经验和成果，以研促教，以教带研，全面提升教师的科研能力和教学实践能力。

2. 组织教学设计交流研讨

学区以语文、数学、英语教研基地为抓手，引领各学科开展"基于学科素养的教学改进"研究，根据各学科特点，分学科开展教学设计、说课研讨交流研修活动。10月17日，数学学科开展题为"围绕四大领域，以生为本的研究"的说课展示活动；10月18日，语文学科开展题为"基于学科核心素养的统编教材实践研究"的交流研讨活动；10月23日，英语学科开展题为"以学科素养为导向的教学基本功培训"交流展示活动。鉴于学区艺术类、综合类、体育、道德与法治等各学科带头人、骨干教师数量较少学科较分散的情况，学区选拔区域内的特级骨干教师组建综合学科专家团队，根据各校各学科需求，进校开展针对性辅导，实现多学科融合培训。

3.发挥骨干教师辐射作用

在本次培训中，学区结合各校需求，制订工作方案，积极调动区域内外专家资源，扎实开展专家讲座、论文培训、说课展示、一对一辅导等教师基本功培训活动，9个学科共计开展8次专题培训和个性化指导，在区域骨干教师搭建练兵平台的同时，不忘辐射带动区域各学科教师教学能力的提升，发挥骨干引领作用，扎实推进教师队伍梯队建设，助力区域教师专业发展。区域各校在展示活动中成绩优异，学区整体获奖情况在海淀区名列前茅。

说课展示类：特等奖21人（占全海淀区的15%），一等奖13人，二等奖10人。

教学设计类：一等奖31人，二等奖16人。

论文类：一等奖69人，二等奖40人，纪念奖3人。

案例9：心理健康教育高端课程——提高教师职业幸福感

【培训背景】

为加强德育、心理健康教育专业教师队伍建设，推动区域中小学心理健康教育工作的科学发展，北京市海淀区上地学区管理中心与清华大学继续教育学院联合开展本次培训。本项目紧密结合教育部《中小学心理健康教育指导纲要（2012年修订）》和当前心理健康教育工作实际需求，聚焦中小学心理健康教育实践路径、方法和模式，助力中小学更新育人理念、优化知识结构、提升专业水平。

【培训目标】

助力区域教师深刻理解中小学心理教师专业标准，明晰政策要求及必备能力；熟悉中小学生心理教育相关基础知识，掌握策略与方法；规范设计团体辅导方案，独立开展团体活动；初步鉴别有一般心理问题的学生，及时关注、辅导、干预、转介；提高心理健康教育素养，提升育人能力；学会分析日常教育教学工作中遇到的一般心理健康问题案例。

【培训人员】

上地学区各中小学德育干部、团少干部、教学干部、专兼职心理健康教师、班主任、学科带头人等。

【培训课程】

依据学区教育发展情况及教师发展需求，学区精心设置培训课程，培训内容聚焦教育热点，开设教育思维、课堂教学、综合素养三个模块的专题课程，并以任务驱动贯串整个学习过程，构建了学区"四维一体"的课程模式。

以本次课程为例，培训形式既有名师名家讲座、小组交流互动，又有实践探究体验。培训内容既包含心理学理论知识、中小学生认知发展规律、特殊教育、融合教育、团体心理辅导技能、一般心理问题鉴别及干预、案例咨询等心理学科课程，又有音乐、美术、科技、文化等拓展课程，为教师进行全方位的心灵补给，提升教师的综合素养。

表 8-2　上地学区心理健康教育高端研修课程安排表

日期	时间	培训主题	主讲人
4月17日 周六	8:00— 8:50	开学典礼、学习导读	双方领导、全体学员
	9:00— 12:00	变说教为咨询的基本技巧	蔺秀云 北京师范大学心理学部发展心理研究院博士生导师
	13:00— 16:00	心理健康教育课程的设计与操作	张渝鸿 教育部国家培训专家库入库心理专家、国家级心理咨询师

续表

日期	时间	培训主题		主讲人
5月16日周日	9:00—12:00	用学习科学解决学习困难和考前焦虑	常晓敏	清华大学社会科学院积极心理学指导师、学习治疗师高级讲师、国家二级心理咨询师
	13:00—16:00	参观清华科学博物馆、清华美术学院		
5月18日周二	19:00—21:30	走进音乐的世界	周海宏	中央音乐学院教授、博士生导师
5月22日周六	9:00—12:00	学校团体辅导理论与应用	樊富珉	清华大学心理学系副主任，教授，博士生导师
	13:00—16:00	融合教育 ABC	邓 猛	北京师范大学教育学部特殊教育研究所教授
5月29日周六	9:00—12:00	网络时代的危机干预	徐凯文	北京大学副教授、心理健康教育与咨询中心副主任
	13:00—16:00	生命教育：焕发教育内在的生命活力	张志坤	首都师范大学初等教育学院副院长、儿童生命与道德教育研究中心副主任
	16:00—17:00	成果汇报、学习回顾短片、结业典礼		
6月—10月		心理教学课程案例设计、专家点评、形成指导手册或资源库		

【培训效果】

　　上地学区高端课程注重理论与实际相结合，通过专题讲座、案例分析、课堂教学设计改进、一对一指导等，有针对性地进行持续改进和深度研修，真正帮助教师打通知识到素养的通道，开阔了教师的视野，提升了教师的综合素养，实现了跨校、跨学科的融合，促进了教学能力和育人能力的双提升，参加培训的老师给予学区课程高度评价。

5. 领军教师，名师高徒

领军教师是各校的顶尖或英才教师，是未来专家型教师的储备力量，也是学校的重点培养对象。各校对领军教师的发展抱有较高的期待，对领军教师的培养也是精益求精。由于处于教师发展阶段的金字塔顶尖，领军教师的培养不容小觑，需要顶级学科专家或特级教师的指点，这对各校来说难度偏大，可遇而不可求。

为满足各校对高端人才培养的需求，合力打造上地学区领军教师团队，2020 年学区与北京市基础教育研究中心共同启动了上地学区"名师高徒"培养工程，联合培养一批师德高尚、业务精良、知名度较高的名师，从而促进区域顶尖教师的培养，带动区域整体师资力量的提升。

项目采用"师带徒"培养形式，学习年限为 5 年，实行"1 对 1"导师负责制，由北京市基础教育研究中心学科专家担任导师，徒弟在培养期间每年完成指定任务，力争通过为期五年的一对一专家指导，提升个人教学水平和教学能力，发挥区域骨干教师的辐射引领作用。

经过近两年的磨合，参与项目的 12 名教师均已和师父建立了良好的师徒关系，并积极主动参与到师父的教研或项目中。项目启动之后，师徒累计活动次数达 140 余次，辐射区域教师达 2000 人次。

案例 10：领军教师卓越发展——做人做师做学问

B 校　王向征

2020 年 11 月 6 日是一个值得纪念的日子，上地学区管理中心启动了"名师高徒"骨干教师培养项目。万分荣幸的是，学区领导邀请中国教育界的名家——全国著名的小学数学特级教师吴正宪老师做我的师父。得知这个消息后，我无比激动和骄傲，这是一份荣誉，也是一份期待。转眼间参与该项目已经有 1 年多了，盘点其中的收获，我真是欣慰又感动。

　　在短短一年的时间里，我跟着吴老师参与了 10 多次的学习和交流活动，交流范围从全国到全市，有和黑龙江省几百名中小学骨干教师的在线交流共同学习，也有走进通州、大兴等小学的现场同课异构。有跟着吴老师工作室的所有徒弟一起学习教研，也有参与全国自主教育联盟的现场授课交流。不仅有实践类的教学研究，也有吴老师给我们安排的理论学习。吴老师不仅给我们提供锻炼成长的机会和平台，还让我们发挥辐射作用，让我们参与"北师大金种子"项目，为农村地区的一线教师提供优秀课例并开展讲座，让更多教师获益。这一年的历练，加深了我对数学教学的理解，也促进了自己的专业成长。

　　我常思考，自己向吴老师学到了什么？我想起第一次项目启动会后，她对我叮嘱：先做人、再做教师、最后做学问。回顾这一年给我印象最深的画面：吴老师永远在不停地奔波。记得那次来校指导我上课，吴老师家离我们学校有将近 80 千米的路程，早上要两个多小时的车程，吴老师执意不用我们去接。她早上五点多就打车出发了，到学校离上课时间就差 10 分钟了，她吃了一点早餐就赶快进班听我的课。课后又赶到三层会议室给全体教师做讲座，一讲就是一上午，中午十二点才吃了工作餐。因为下午要给学区的数学骨干教师进行另一场讲座培训，她中午也没有休息，一直在修改讲座的文稿，还见缝插针地对我上午的课提出了细致的修改意见。下午一点半又开始了一个讲座，一讲就是 3 小时。会议结束后我想让吴老师休息休息，谁知她说马上得往回赶，晚上还有个在线的培训会。这不是吴老师特别的一天，而是她的常态。因为，我们几次在线培训都安排在晚上，并且好几次她都是匆匆打开视频，晚饭都没有吃就和大家一起满怀激情地开始教学研究了。

　　吴老师每次和我们的交流研讨总是那么投入、严谨、认真，对所有人的问题都耐心地解答。吴老师已经退休了，但她内心充满了激情和力量，这源自她对教育的热爱、对所有教师成长的关切。她教会我们上好每一节课，更是用自己的行动教我们如何做一个称职的好老师！她用自己的行动践行一名教育工作者的使命和担当！让我们每个跟吴老师学习的人都深受感动！

我还深思，学区为我搭建的这个平台，除了自身提升之外，我作为学校的教研主任，如何带领学校干部教师共同提升呢？于是，我将从吴老师那里学到的做人、做事、做研究的敬业态度运用到工作实践中，坚持以课题为引领，带领老师们成立了指向作业设计与管理的科研团队，积极申请海淀区"十四五"教育科学规划课题，从单元视角下的校本作业体系研究，到语文、数学、英语三个学科中高年级校本单元作业的设计与实施，共四项课题立项。以课题研究为抓手，形成作业设计原则、作业设计路径，确保作业质量，积极探索契合学校师生需求的作业管理与实施路径——"因需设计，研究助力"的作业管理与实施"四部曲"（图8-4）。

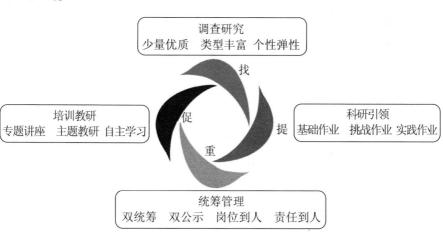

图 8-4 上地学区 B 校作业管理与实施"四部曲"

　　坚持整体规划，提出作业设计的八项原则，在进行作业设计与评价作业质量时依据这八项原则能够有效地保障作业的质量，真正实现"少而精"的目标，为"双减"背景下的作业研究作出积极贡献（表8-3）。

表8-3　上地学区 B 校作业设计八项原则

育人为本	落实对学生知识、能力、方法、态度、习惯、价值观等方面的培养要求，落实德智体美劳全面发展的教育追求
目标一致	作业目标要与教学目标、作业内容保持一致
设计科学	作业设计要科学合理，答案设置要反映学生不同表现
类型多样	优化基础性作业设计，注重实践性、跨学科、长周期等综合类作业的设计
难度适宜	根据学生的实际情况，合理确定作业难度，不同难度作业的题量比例分布要适宜
时间合适	符合国家规定以及学生身心特点
结构合理	系统思考单元作业在目标、时间、难度、类型等方面的结构，注意体现不同年级、学期、单元作业内容、能力要求等方面的递进性
体现选择	关注学生学习差异，基于学生身心发展规律，从作业难度、完成要求、作业指导等方面，给学生提供选择的机会

　　再次感谢上地学区举办"名师高徒"这个项目，让我有机会走近名师，真正读懂名师，学习吴老师的"做人、做事、做研究"的精神，担当起一名教师的使命和责任！

（三）教育科研培养，提高教师科研能力

　　教育事业要发展，教科研要先行。科研对教育改革发展具有重要的支撑、驱动和引领作用。上地学区积极创新教育科研举措，结合区域教师实际需求，探索出一条包含科研思想引导、科研方法培训、科研团队组建、科研课题引领、科研成果分享的"五位一体"的教育科研培养路径（图8-5），系统地提升区域教师的科研素养和能力。

图8-5 上地学区教师"五位一体"教育科研培养路径

1.科研思想引导

从区域各校教育科研调研中，学区了解到一些学校的教师由于每日应对繁忙的教育教学工作，难以静下心来总结和思考，缺乏从事科学研究的内在动力。为此，学区积极开拓资源，寻求市区科研专家帮助，对区域各校教师进行通识培训，开展"科研与我""科研助力专业成长"等主题的科研交流活动，对各校教师进行思想引导，帮助教师树立积极的科研观念，理解教育科研的内涵及本质，明确教科研是教师专业发展的必经之路，是助力教师专业成长的倍增器，促使教师从内心喜欢和热爱科研、主动追求科研、积极探索科研。

2.科研方法培训

各校教师在实践教学工作中，积累了丰富的教育教学经验，但由于科研方法欠缺或不规范，很难把这些好的经验或做法加以巩固和提炼，无法形成有价值的课题或科研论文进行推广。为解决上述需求，学区聘请教科研专家多次举办"如何有效地进行科研课题研究""中小学教师论文撰写策略"等科研方法和论文写作的讲座，普及教师的科研知识，带领教师进入教育科学研究的天地，引导教师用科研方法对待自己的教育教学工作。

3.科研团队组建

一个人走得快，一群人走得远。"十四五"期间，为更好地开展科研工作，学区教师共同体在原有独立研究的基础上，积极带领区域各校教师共同参与研究，为学区科学研究注入基层力量，在市区专家的大力指导下，先后组建了教师共同体、心理健康教育、科技实践活动、新课标学习等专题研究团队，由学区各部门负责人牵头，各校教师参与，聚焦实际问题共同开展跨校、跨学科交流研讨，不断拓宽教师的科学研究视野，碰撞和激发教师创新灵感。2021—2022年，学区成功申报"教师共同体框架下学区研修策略实践研究""学区'家长学校'课程的构建与实施研究"两项市级课题和"学区心理健康教育发展研究与实践""学区推动学校、家庭、社会协同育人的实践研究"两项区级课题，营造了良好的区域科研氛围。

4.科研课题引领

秉承"科研兴教，科研兴师"的理念，学区积极发挥科研引领作用。"十三五"期间，在学区领导的大力支持下，学区各部门结合实际工作积极进行教育科研探索，鼓励干部教师牵头或参与课题研究，撰写各级各类学术论文，发表专著，在提升自身科研素养的同时，以课题为抓手，独立开展课题实践研究，发挥学区辐射引领作用，在教育资源整合、教师共同体建设、学区教研基地建设、共青团活动研究、班主任队伍建设、话剧课程研究等方面取得了丰硕的科研成果。

截至2022年年底，上地学区成功申报市级课题3项，其中1项市级重点课题"学区治理模式下教育资源整合策略的研究与实践"已结题且鉴定等级为优秀，两项市级课题在研；区级课题3项，其中1项已顺利结题，2项在研；在市、区各级科研成果、论文评选中获奖16篇；在国家级核心期刊《人民教育》《北京教育》上发表学术论文两篇。

链接：

在教育资源整合方面：2021年4月，论文《学区资源整合策略——学区治理模式下教育资源整合策略的研究与实践》在海淀区"十三五"

优秀教育科研成果评审中获得特等奖。2020 年 11 月，北京市教育科学"十三五"规划重点课题"学区治理模式下教育资源整合策略的研究与实践"评审等级为优秀。2019 年 1 月，论文《学区制改革：如何打开区域教育资源整合之门》发表在国家级核心期刊《人民教育》杂志上。2022 年 6 月，论文《学区课程资源整合，促区域教育均衡发展》获 2021—2022 学年北京市基础教育科研优秀论文一等奖，《某学区空间资源整合的实践探索》获 2021—2022 学年度北京市基础教育科研优秀论文二等奖。2021 年 9 月，论文《学区人力资源整合实践研究》《某学区空间资源整合的实践研究》《某学区课程资源整合策略与实践研究》获海淀区第十七届教育科研优秀论文评审二等奖。2019 年 9 月，论文《人力资源整合利用助力教师共同体发展研究报告》《区域教育资源整合的实践与策略研究——以海淀区某学区为例》获海淀区第十六届教育科研优秀论文评审一等奖。

在教师共同体建设方面：2022 年 6 月，论文《某区 S 学区教师共同体实践研究》获 2021—2022 学年北京市基础教育科研优秀论文一等奖。2019 年 9 月，论文《人力资源整合利用助力教师共同体发展研究报告》获北京市海淀区教科研一等奖。2021 年 12 月，论文《"双减"背景下学区教师发展共同体实践探究》获北京市海淀区教育科学院优秀种子教师工作站"双减"主题案例征文二等奖。

在学区教研基地研究方面：2022 年 4 月，学区在海淀区教师进修学校基础教育国家级教学成果推广应用交流会上做题为"学区英语教研基地助力区域教师专业成长"的主题发言，和外省市 3000 多名教师分享上地学区教研基地的经验做法。2022 年 2 月，论文《以学科基地推动区域教育优质均衡发展》发表在国家级核心期刊《北京教育》上。2019 年 9 月，《学区制改革背景下"N"教研模式实践研究——以海淀区小学英语学科学区教研基地为例》获北京市海淀区第十六届教育科研优秀论文评审二等奖。

在共青团活动研究方面：《学区少工委推行线上活动的实践研究》获北京市 2020—2021 学年基础教育科学研究优秀论文三等奖。

在班主任队伍建设方面：2018 年 12 月，《资源实践创新　融通共享提升》在第三届北京市班主任队伍建设优秀成果评选活动中荣获三等奖。

在话剧课程研究方面：2020 年 1 月，海淀区"十三五"规划课题"话剧表演课程的开发与实践研究"顺利结题。

5.科研成果分享

教育科研是教育教学发展的第一生产力，也是一所学校教育发展的助推器。区域各校立足学校实际，以实施新课程新教材、探索新方法新技术、提高教师专业能力为重点，以实际问题为导向，积极开展常规性教研和科学研究，如单元整体教学、整本书阅读、作业研究、教学策略等，形成了各自的科研特色和良好的科研风气，研究成果显著。

学区积极发挥桥梁作用，为各校的科研成果搭建推广平台，定期开展区域科研成果交流分享，实现科研成果的共享共研，让科研成果反哺各校的教育教学实践，有效促进了区域教育质量的提升。

（四）课程实践指导，提升教师课程能力

课程能力是中小学教师实施课程行为、实现课程价值的决定性因素。它是在一定的教育理念指导下，以教师的主观能动性的发挥为前提，以创造性为灵魂，以实践性为表征的一种综合能力，是中小学教师的必备核心能力之一。[1]抓住了课程能力这个本质问题，也就抓住了课程改革实践的根本。

鉴于中小学教师课程能力具有生成性、多元性、动态性等特点，上地学区积极挖掘教育资源，为学校教师搭建校企合作平台，丰富课程资源种类，紧跟

----

[1]　尧逢品：《实践视角下的中小学教师课程能力探析》，载《当代教育论坛》，2015（6）。

教育改革步伐，围绕课程能力中的课标解读能力、资源开发能力、教学实践能力对区域内教师进行课程能力培养。

1. 专家引领提升课标解读能力

课标解读能力是中小学教师在观念层面对课程标准进行准确理解和把握的能力。它实际上是教师的一种课程认知能力，是进行课程实践的重要基础能力，为开展后续课程实践奠定坚实的基础。

2022年4月21日，教育部发布的《义务教育课程方案（2022年版）》和各科课程标准（2022年版）（以下简称新课标），对义务教育课程方案和语文等16门学科的课程标准进行修订。其中，修订变化中有一条是优化了课程内容结构。新课标要求基于核心素养，遴选重要观念、主题内容和基础知识技能，精选设计课程内容，优化组织形式；涉及同一内容主题的不同学科间，根据各自的性质和育人价值，做好整体规划与分工协调；设立跨学科主题学习活动，加强学科间相互关联，带动课程综合化实施，强化实践性要求，提出各学科开展跨学科主题教学不得少于10%。

结合新课标提出的新要求，学区积极听取各校意见，组织区域教师开展"解读新课标落实新理念"的通识培训和各学科培训，邀请学区人力资源库中的市级教研专家进行"义务教育阶段课程标准的几点认识"培训，邀请人力资源库中B校执行校长、特级教师进行"为'三会'赋能——新课标下的小学数学可以这样教"培训等；组织各学科教师参加人教社云教研课标培训：中小学道德与法治"构建智慧学习场　促进核心素养落地""教材法治教育内容教与学"，中小学语文"教科书中革命文化内容的基本认识""汉字与中学语文教学"，中小学数学"指向学生数学能力发展的教学""在文化中理解数学品味数学"等；邀请编审专家重点解读跨学科教学的内涵，引导中小学教师打破学科壁垒，运用多维的视角审视课程，树立综合的、合作的课程观和正确的专业理念，努力实现对课程更加全面、深刻的理解和把握，让学科融合有深度、有效果、有意义，体现出对课程的深刻思考。

2.项目牵引提升资源开发能力

课程开发能力是中小学教师根据课程的教学要求，对相应的教育资源进行开拓利用的能力，是教师的信息搜集与加工能力，是促使课程从理念走向实践的奠基能力。课程资源开发是一个主题化构建的过程，依据学科的内在逻辑与学生的心智发展编排课程资源，以教学内容的重组为标志，形成适合学生年龄和认知特征的课程实施方案。

项目牵引是一种新型的教学模式，是以项目引导为教学设计的中心，使学生在真实的情境中主动去探索和解决问题。[①] 同样，这种方式也适用于区域教师课程能力的培养。

学区通过"两大工程，五大平台"项目，即"全民健康"工程、"全民阅读"工程、资源共享平台、教师专业发展平台、特色课程供给平台、学区智库服务平台、对外交流合作平台，对区域各校教师、学生进行全方位的培养。其中，特色课程供给平台，立足五育并举，围绕学生的核心素养，带领区域教师合力开发文化、科技、体育等课程资源，从而形成适合学生学习、体验、实践的学科内或跨学科主题教学、项目学习等。A校以"综合能力培养促指向核心素养的学科育人能力提升"为主题进行项目引领，各个年级围绕"校园寻宝"进行资源开发：一年级教师结合小朋友对图形感兴趣的特点，开发生活中的立体图形分类活动，引导学生在数学游戏中发现生活中处处都有立体图形，培养实践能力；二年级教师结合学生学习了测量单位，开发校内活动，让学生应用测量知识，把自己平时的校园生活变成一张有数据的地图；三年级教师充分利用身体各个部位进行教学内容开发，激发学生的兴趣，让学生学会应用测量的知识；四年级老师开发了寻宝游戏，不仅规则有趣，学生在制订路线时也要考虑通过位置与方向找到最优路线；五年级教师结合小区绿化开发资源，让学生提出自己想要研究的问题，进行自主研究，在活动中沉淀经验。学区在落实学生发展

---

① 刘细发、夏家莉：《基于建构主义指导下的"项目牵引式"教学模式初探》，载《电化教育研究》，2007（8）。

核心素养的同时，发展教师的课程资源开发能力，深入探究如何加强学生综合能力培养，如何提升教师核心素养的学科育人能力。

3. 以目标为导向提升课程设计能力

主题式课程、项目式学习、综合实践课程的设计过程，最能体现教师的知识、技能、经验等，促进课程实践长期持续发展。在设计过程中，教师要以目标为导向，即在设计之初教师要详细阐明要达成的教学目标和预期结果，根据目标设计学习体验、学习活动以及学习的优先次序，这样才会保证教学目标的达成。

G校在基于项目的跨学科教学中，通过多学科综合应用，重视学生德智体美劳五育并举，促进学生核心素养的全面发展。如历史学科教师将历史和语文结合教学，指引学生发现文史互通的现象，推动两个学科素养的提升；语文学科教师在《邓稼先》的教学中，将语文学科教学与学科育人有机地融合在一起，提升了学生对家国情怀的理解，加深了学生对中华优秀传统文化的理解和传承。

F校以劳技课"制作飞得更久的纸飞机"为主题，借鉴项目式学习的方法精髓和设计技巧，融合生物、劳动技术、物理等学科的知识和技能，根据学科课程标准的要求，以学科重要概念为中心，以情境化的微主题任务为驱动，通过查阅相关资料、小组合作、设计并实施恰当可行的探究方案，完成发现问题、分析问题和解决问题的基本探究过程，达成培养学生学科素养和综合能力的目的。

4. 课程实施提升教学实践能力

教学实践能力是中小学教师将课程实施方案转化为具体的教学方案并加以实施的能力，表现在教学方案的设计、教学模式的选择与构建、教学的组织与实施、学生作业的辅导与批改等关键环节中。课程实施着眼于学生素质的发展和课程目标的实现，实践是教师课程能力的生成之本，教师参与课程实践的丰富性、深刻性决定着其教学能力所能达到的高度。

为更好地将新课标中跨学科的思想和行动融入每一门课程，学区不断创新培养模式，以信息科技学科为突破口，开展学科融合课程实施研究。学区借助专家学者力量组建区域信息科技课程实践团队，主动带领区域学校科技干部教师开展包括馆校课程、园区课程、大学实验室课程在内的科技实践课程和教师指导手册的研发，通过"理论学习—探究设计—课堂实施—交流研讨—反思提升"等方式不断优化设计、落实理念，在实践中提高对跨学科课程实施的理解。在学区的帮助下，F校已经将企业课程融合到校园课程中，并在实践中不断地打磨提升，将物理、生物、劳动技术、思政等多学科知识融汇在信息科技课程中，凸显了课程的综合实践特点，提升了课程实施能力。

C校小学语文主题教学深挖语文教学实践价值，已经形成单篇经典教学、群文主题教学、整本书阅读教学、主题实践活动四种语文教学实践的基本特征与模式。学校围绕一个主题，通过四种教学实践彼此联动，充分发挥每种语文教学实践的独特价值与功能。在此基础上，运用"主题·整合"思想，整体带动语、数、外等学科的课程整合，进而探索出主题教学跨学科教学的典型实践模式。学校立足教材有关"立志"的教学内容，构建"学会立志"课程群，以主题统整课程资源，引导学生从小树立远大的理想与抱负，并付诸实践与行动。如2017年是苏轼诞辰980年，学校把年度研究的主题确定为"逆境中的坚持"，借助学科和活动两大课程基石，尝试用成志价值主题推动学科内的深度学习、跨学科的课程群学习。主题课程群通过整合多元资源、多方面路径以及贯通成长，实现多维目标的综合效应：横向上，以主题统整，立足学科教学的优质基础，整合全学科教学资源，充分挖掘各学科的协同育人的价值，同时联动实践活动涵育价值，实现学科教学和实践活动的横向畅通；纵向上，遵循学生身心发展规律，贯穿低中高学段课程。通过横纵交融、多元联动的贯通整合方式，实现学科合力整体育人的综合意义。

作为情境化的实践活动，课程实践需要高度的创造性，它是一个动态的发展过程，学区积极引导区域教师以提升为目标，以实践为基本依据，以反思为内核，灵活应用多种方式，对自己的课程理念、解读课程的方式、课程设计与实施的行为进行调整优化，在教学实践过程中不断提升课程能力水平。

持续 4 年的共同体研修取得了阶段性的成果，教师专业素养显著提升，骨干教师数量涨幅明显，教师队伍整体水平显著提升。从骨干数量来看，学区特级、学科带头人、骨干教师由 2016 年的 264 人上升到 2019 年的 288 人，区域内各校骨干教师人数明显提升。从骨干类别来看，特级教师总数由 2016 年的 16 人增加到 2019 年的 24 人，若加上 2020 年 10 月新增的两位特级教师，目前上地学区特级教师实际人数为 26 人；市级骨干教师由 2016 年的 19 人上升到 2019 年的 37 人，涨幅明显（图 8-6）。可见三年学科教学改进对区域教师专业成长、教育质量提升起到了巨大的助推作用。

	特级教师	市级学科教学带头人	市级骨干教师	区级学科带头人	区级骨干教师	区级班主任带头人	区级德育带头人	区级少先队辅导员带头人	区级教育科研带头人	区级教学管理带头人	区级团干部带头人	区级教师教育带头人	区级校园足球带头人
2016年	16	2	19	94	104	16	3	3	2	3	1	1	0
2019年	24	3	37	83	115	16	2	2	2	2	0	1	1

■2016年　■2019年

图 8-6　2016 与 2019 年上地学区特级教师、学科带头人、骨干教师各类人数对比

学区制作为一项促进义务教育均衡发展的教育政策，在教育改革治理的转型期被赋予了重大的历史使命和时代价值。上地学区在注重提升区域内部人力资源品质的同时，大力挖掘外部优质资源"为我所用"，完成了由初步构建到规模发展，再到因需供给的发展历程，人力资源建设初见成效。

教师共同体的建设和发展离不开区域内的每一所学校、每一位教师的努力，各校齐心协力、共享开放，才能实现资源的深度融合、教育良性运转和教师的可持续发展。学区在"十四五"时期，将继续发挥资源统筹职能，在区域现有人力资源、空间资源、课程资源的基础上，继续拓展整合优质教育资源，以项目推进的方式大力开展教师共同体的教研活动。同时，为固化成果，学区将在"十四五"期间以此为申报课题，在专家和科研课题的引领下，进一步深入研究共同体发展的模式、路径和方法，用科研的视角指导实践工作，进一步深化课程改革，发挥学科育人功能，持续为区域教师搭建高端平台，力促区域教育质量的高位、优质、均衡发展。

经验小结

教师作为学生成长的引路人，其专业发展不仅关系到个人的职业生涯，更与学生的成长成才息息相关。学区可以通过发挥资源统筹职能，不断优化人力资源整合模式，积极构建区域教师专业发展共同体，聚焦实际问题，精准发力，从师德修养、学科教研、教育科研、课程实践四方面开展有别于区级和校级两级研修的学区特色教研活动，为区域教师进行全方位、多元化的专业培训，不断提升区域教师的专业思想、专业品格、专业知识、专业能力，赋能教师专业成长。

经验九　创新双链协同模式推动学校发展

北京市海淀区学区制改革为学区的职能做了较为明确的定位，即学区是海淀教育两委的助手，是学校的帮手，是区域教育优质均衡发展的推手。一方面，学区作为海淀教育两委—学区—学校三级体系中的关键一环，需要协助海淀教育两委，确保各项决策部署在学校层面落实到位，促进学校规范化发展；另一方面，学区需要充当区域各校特色发展、活力发展的有力帮手，构建区域学校共生共长的良好生态，从规模经济的视角出发，扩大优质资源辐射面，增加边际效益，最终实现区域教育优质均衡发展。在这样的目标下，北京市海淀区上地学区压实"责任链"，涵养"生态链"，"双链协同"一体推进学校的持续健康发展。

一、上地学区双链协同的提出

（一）理论与实践基础

在生物学领域，1953 年，沃森和克里克发现了 DNA 双螺旋的结构，"生命之谜"被打开。DNA 双螺旋结构有两条主链，它们似"麻花状"绕一共同轴心以右手方向盘旋，相互平行而走向相反形成双螺旋构型。与单链相比，DNA 双螺旋结构在生理条件下更加稳定，不易变异。

受 DNA 双螺旋结构启发，经济学领域也应用了"双链协同"的发展理念。例如，习近平总书记 2020 年在陕西考察时强调，要围绕产业链部署创新链、围绕创新链布局产业链，推动经济高质量发展迈出更大步伐。这一要求从理论上揭示了经济活动中产业链与创新链就像 DNA 双螺旋结构，相互依存、相互促进、协同联动、同向发力。

此外，供应链—产业链、人才链—产业链、教育链—产业链、供应链—监管链以及版权链—天平链等"双链协同"或"双链融合"机制已被广泛应用在经济、医疗、教育、安全、司法等多个社会发展重点领域，强调双链之间的良性互动与深度融合，打造了新的发展体系，并且取得了显著的成效。

（二）概念界定

结合"双链协同"的理论与实践基础，上地学区为统筹谋划、整合资源、整体推进区域各校发展，提出了责任链与生态链双链协同的策略（见图9-1）。

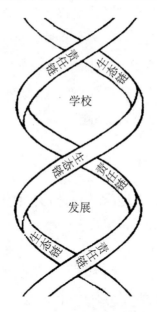

图 9-1　上地学区双链协同模式

责任链主要指在海淀教育两委—学区—学校三级管理体系中，上地学区压紧压实主体责任，落实落细监督责任，确保区域各校高效规范落实海淀教育两委的各项决策部署，圆满完成党建、安全、疫情防控、教育教学、招生入学、人事管理等工作任务。海淀区委、区政府及海淀教育两委依托学区管理中心，不断建立健全三级管理体系，如成立学区党建协作委员会、学区团建协作委员会、学区教工团组织、学区少工委、学区工会联合委员会等组织，组织开展党政群团主题教育，定期开展校园安全三级联查，疫情以来联动街道等相关单位开展疫情防控督导等工作。学区这一层级和三级管理体系，有助于破解海淀区教育体量大、难以精细化管理的难题，促使责任得以层层压实，监督得以延伸，指导得以精准高效，真正打通工作落实的"最后一公里"。

生态链是指学区将区域内学校及区域内外优质社会资源视为一个教育生态，学区作为生态中的强有力的纽带，推动构建共生互助、合作共赢的生态环境。在海淀区学区制改革以前，即便是同一区域内的义务教育学校，也会存在办学主体不同、体制不一和办学条件、办学特色、办学水平等方面差异较大的问题，在一定程度上带来了校际对优秀生源、优秀师资和其他优质教育资源的竞争。学区制改革后，上地学区力图改变学校与学校、学校与社会的关系，将辖区内多元主体组成教育生态，协商共治、互相借鉴、取长补短、携手探索，共同应对教育改革和社会发展带来的机遇与挑战，共同分享教育系统内外优质课程、人力和空间资源，形成"竞争、活力、共享、互助"的良好生态。

责任链突出保障学校稳定、安全、规范发展的教育管理，生态链则突出基于学校自主发展的教育治理，二者对于当前区域教育整体发展都是必不可少的。因此，上地学区提出双链协同的策略，在责任链与生态链两个维度共同发力，协同学校持续健康发展。

二、上地学区双链协同的成效

（一）上地学区压实责任链，促进区域学校规范健康发展

1. 坚持全面从严治党，扎实推进区域党建

党政军民学，东西南北中，党是领导一切的。加强党的领导是做好教育工作的根本保证，坚持党对教育事业的全面领导，首先是思想政治领导，关键要落实落细做到位。海淀区学区制改革正式实施后，学区管理中心的具体职能在

实践探索中不断丰富，其中最突出的就是在区域化党建工作中发挥越来越大的作用。

此外，借鉴原有党建协作组的工作模式，结合现有学区工作特点，海淀教工委出台了建立学区党建协作委员会的实施意见，2016年10月，各学区党建协作委员会陆续成立。建立学区党建协作委员会是加强学区内基层党组织建设的现实需求，是实现学区内党组织工作承上启下、横向交流、相互协作、相互促进、整体发展、共同进步的有效途径，对于提升学校党建工作水平、推动海淀教育各项工作的落实具有十分重要的意义。按照海淀教工委要求，学区党建协作委员会设主任委员1名和副主任委员2名，负责组织开展学区内党员干部学习培训、开展党建研究、做好校际党建交流、推进各校深入开展党建创新示范项目等工作。

上地学区在实践中确立了"大党建、强体系、聚人心、创优质"的区域化党建工作整体思路；建立了"纵向同轴""横向同心"的区域化党建工作体系，以党建为引领，稳步推进区域教育发展。

（1）"纵向同轴"，认真履行主体责任

纵向同轴，即教工委、学区党总支、基层党支部三级党组织以全面加强党对教育工作的领导为轴，形成纵向到底的党建工作体系，把党要管党、全面从严治党的主体责任落实到各层级党组织中。

在海淀教工委—学区党总支—基层党支部的管理工作中，学区党组织根据上级党委和组织部门的要求，踏实推进各项工作部署，发挥承上启下的组织作用。学区党总支书记以党的政治建设为统领，深化落实全面从严治党主体责任，聚焦建强支部，推动规范化标准化建设；聚焦服务中心，增强党组织战斗堡垒作用；聚焦社会组织，巩固党的执政根基，逐步形成"三全"党建模式，即全规范，推进主体责任落实；做到全过程，贯穿组织建设各环节；做到全覆盖，向区域社会组织延伸。

在深入推进社会组织党建工作中，随着区域民办学校数量增加，上地学区党总支已新建 5 个流动党支部、挂靠 1 个正式党支部，并从抓党支部书记和党建指导员入手，坚持"三同步"，即同学习、同培训、同活动，以提升他们的政治素养和理论水平；适时组织开展"走进区域学校、走进科技园区、走进红色基地"三走进特色活动，增强社会组织党员的认同感、凝聚力。

（2）"横向同心"，筑牢党的执政根基

横向同心，即学区党建协作委员会成员单位围绕教育教学中心工作，形成党、团少、群横向到边的大党建工作格局。"横向同心"是针对上地学区党建协作委员会工作的开展而提出的，也是"纵向同轴"党建工作体系的有机补充。上地学区党建协作委员会各成员单位的基层党组织与上地学区党总支没有隶属关系，其中大学附中、附小的党组织关系在大学党委的体系之中，不归属海淀教工委管理。针对这一现状，上地学区党建协作委员会的主任委员（即学区党总支书记）明确了围绕中心抓党建的工作路径，以"主题教育"为重点，以创新项目为特色，凝聚区域各基层党组织力量，扎实推进区域党建工作。

2021 年是中国共产党成立 100 周年，上地学区党建协作委员会根据党史学习教育的要求，以"百年华诞 与党同行"为主题，精心策划推出了特色鲜明的十个群众性主题活动，将党史学习教育与重大节日、纪念日和教育教学重点活动有机结合，使党史学习教育贯串全年，引领学区党建协作委员会成员单位广大党员、团员、队员和全体师生把党的历史学习好、总结好，把党的成功经验传承好、发扬好，营造"党的盛典、人民的节日"浓厚的社会氛围（见表9-1）。

表 9-1　"百年华诞　与党同行"主题活动

时间 / 事件	活动主题
学雷锋日	以雷锋之名，献礼建党百年（一）——书写扶贫上地答卷
世界读书日	以阅读之名，献礼建党百年（二）——翻阅红色历史篇章
五四青年节	以青春之名，献礼建党百年（三）——担当为国育才使命

续表

时间 / 事件	活动主题
教师双培养	以师者之名，献礼建党百年（四）——锤炼内功立德树人
学区科技节	以创新之名，献礼建党百年（五）——厚植科技报国信念
入队仪式	以红领巾之名，献礼建党百年（六）——争做新时代好队员
七一建党日	以党员之名，献礼建党百年（七）——铭记党史奋力启程
教师节	以引路人之名，献礼建党百年（八）——弘扬高尚师德风范
国庆节	以中华儿女之名，献礼建党百年（九）——礼赞祖国母亲华诞
规划发布	以未来之名，献礼建党百年（十）——开启"十四五"新征程

2022 年是百年党史新起点，中国共产党迎来第二十次全国代表大会。习近平总书记强调，唯有精神上站得住、站得稳，一个民族才能在历史洪流中屹立不倒、挺立潮头。上地学区党建协作委员会结合习近平总书记要求，落实《海淀区教育系统 2022 年全面从严治党主体责任年度任务》，策划"弘扬中国精神谱系　向党的二十大献礼"主题教育活动，对中国精神谱系进行宣传、教育，并在区域化党团队活动中持续强化"大党建"概念，将"党建引领，群团发展"向纵深推进（见表 9-2 ）。

表 9-2　"弘扬中国精神谱系　向党的二十大献礼"主题活动

中国精神	活动主题
奥运精神	弘扬奥运精神　向党的二十大献礼——圆梦冬奥，一起向未来
雷锋精神	传承雷锋精神　向党的二十大献礼——爱心传递，民族大团结
五四精神	赓续五四精神　向党的二十大献礼——党团队员寻访青年榜样
伟大抗疫精神	诠释伟大抗疫精神　向党的二十大献礼——闻令而动，疫线共奋战
伟大建党精神	践行伟大建党精神　向党的二十大献礼——立德树人，育栋梁之材
工匠精神	领会工匠精神　向党的二十大献礼——强基提质，育时代新人
劳模精神	厚培劳模精神　向党的二十大献礼——爱岗敬业，当好筑梦人

中国精神	活动主题
劳动精神	涵养劳动精神　向党的二十大献礼——五育并举，塑健全人格
改革创新精神	发扬改革创新精神　向党的二十大献礼——家校共育，共建新格局
党的二十大 会议精神	贯彻会议精神　向党的二十大献礼——凝心聚力，迈进新征程

2.推动安全治理，协同学校打造平安校园、绿色校园

学校安全重在建设，建设平安校园、绿色校园，有助于提高学校的办学质量，促进社会安定。从教育部到各级教育系统历来十分重视校园安全工作，先后出台一系列有关交通、治安、消防、食品、建筑物、防疫等方面安全实施方案、指导意见文件。上地学区全面贯彻落实上级指示精神，践行治理理念，卓有成效地开展多项教育系统内外的安全治理工作，为教育教学保驾护航。

（1）强化责任担当，全面深化安全治理

为发挥学区职能，做好教委的助手、学校的帮手，促进区域内学校更高水平平安校园建设，上地学区在安全管理工作中，始终将安全作为保平安、保底线的重中之重，不敢有丝毫懈怠，将安全治理理念定位在"事前风险防控"上，提出"推动安全治理守红线，多方联动治理保平安，攻坚担当共同筑平安"工作思路，突出"上下联动、快速反应、迅速解决"的运行机制，以高度的政治责任感协同学校推动平安校园建设。

（2）建立三级体系，完善安全治理机制

其一，按照教委部署，建立完善三级"教育两委—学区—学校"安全管理体系。上地学区不断更新观念，依据安全治理理念，变以结果导向的事后追责为事前风险防控。学区先后制定了一系列安全预案和工作制度，建立起区—学区—学校三级防控机制，以及学区与街道对接的运行机制，确保两委一室的相关要求迅速落地、迅速落实，形成了上传下达、快速反应、协商共治的良好局面。

其二，学区建立了日间上报制度，形成学校安全信息常态化。在安全管理工作中，学区发挥了不可或缺的作用。学区加强自身学习，提高干部安全治理以及应对突发事件的专业能力，做到有专人负责，学区与安全干部签订责任书，层层落实压实责任。同时组建了校长园长、安全干部、街道负责人联动微信群，使学区的安全管理工作更快捷、更便利、更有效。

（3）创新督查模式，推进网格化的治理

学区积极配合教委主管部门，协调街镇有关单位，坚持问题导向，突出督查主题，主动作为、预防为主，建立了安全治理工作小组，为中小幼安全提供全方位、全覆盖的指导，为校园安全治理和督查模式的建立提供了强有力支持，形成区域联防联控，实现网格化、精细化安全治理。

学区在一系列常态安全防控与紧急安全行动中，一旦发现问题，对安全隐患和管理中存在的突出问题和薄弱环节，及时上报沟通，帮助学校反映、指导、解决实际问题，确保各中小学、幼儿园的正常教育教学秩序，确保一方平安。学区以"把隐患当成事故"的谨慎姿态，恪尽职守、合纵连横，在难题面前，敢闯敢试、敢为人先；在矛盾面前，敢抓敢管、敢于碰硬；在风险面前，敢作敢为、敢担责任。

（4）形成多方联动，齐抓共管安全治理

自学区委员会成立后，上地街道、燕园街道、清华园街道对地区教育给予了大力支持，让学校在区域治理、平安校园建设方面依靠地方政府有了机制保证。对教育系统内中小幼安全检查、教育系统外无证园、校外培训机构安全治理检查项目等，教委、学区、街道各执法部门，形成合力共同进行治理。特别是在疫情期间，街道多次协调属地各职能部门对学区内中小幼、社区办园点、校外培训机构进行严格的检查和专业的指导，有力保障了学区内中小幼、社区办园点在疫情期间教育教学、高考、中考、核酸检测、疫苗接种等工作的正常进行。在两委的领导下，在学区管理中心的不懈努力下，学区、学校与街道各执法、专业部门密切了联系，加强了沟通，形成学区街道自治管理、学校自主管理、各部门专业管理相结合的"区域治理"工作局面，营造了安全稳定的教育氛围。

上地学区在党的全面指导下，在教工委教委带领下，坚持党建引领、立德树人、稳中求进，广大干部教师谋全局、干大事、战疫情、保稳定，深入践行"为党育人、为国育才"的初心使命，压实赋予学区的各方责任，深耕教育改革试验田。

（二）上地学区涵养生态链，协同区域学校优质特色发展

1. 上地学区协同学校落实"双减"减负提质

教育是国之大计、党之大计。"培养什么人，为谁培养人，怎样培养人"的时代之问发人深省。按照党中央、国务院决策部署，各地深入开展减轻义务教育阶段学生作业负担和校外培训负担工作，取得了积极成效。但是，目前义务教育发展依然面临着巨大的挑战，中小学学业负担过重，短视化、功利化等问题依然存在……这些问题违背了立德树人的根本任务，引起了社会的强烈反响，引起了党和国家的高度关注。党和国家站在实现中华民族伟大复兴的战略高度，立足于立德树人的根本教育任务，对"双减"工作全面部署，旨在促进学生全面发展和健康成长。

（1）上地学区对"双减"的认识

国家层面。2021 年 7 月 24 日，中共中央办公厅、国务院办公厅印发了《关于进一步减轻义务教育阶段学生作业负担和校外培训负担的意见》（以下简称《意见》），要求减轻学生课业负担，严格控制书面作业总量，保证学生睡眠时间；全面规范校外培训机构，坚持从严治理。[①] "双减"工作是在落实国家的

----

① 中共中央办公厅　国务院办公厅:《关于进一步减轻义务教育阶段学生作业负担和校外培训负担的意见》，http://www.moe.gov.cn/jyb_xxgk/moe_1777/moe_1778/202107/t20210724_546576.html，2021-12-30。

教育方针，是党中央站在实现中华民族伟大复兴的战略高度，为促进学生全面发展和健康成长而作出的重大决策部署，它关乎国家的长远规划，是我国基础教育史上具有里程碑意义的重大决策。

"双减"工作是一项政治任务，是国家大政方针，是建设高质量教育体系的基础工作。推出"双减"政策的意义不仅在于减轻学生过重的学校课业负担和校外培训负担，更在于全面提高教育教学质量、落实立德树人的根本任务，在于更好地落实"五育并举"，把"培养社会主义事业的合格建设者和可靠接班人"真正落到实处。同时，"双减"工作不仅是解决浮于表面的具体问题，更是在推动一场基础教育的深刻变革。《意见》出台之后，各地纷纷认真学习，贯彻落实。

2021 年 8 月 17 日，中共北京市委办公厅、北京市人民政府办公厅正式印发了《北京市关于进一步减轻义务教育阶段学生作业负担和校外培训负担的措施》①。该文件明确指出：校内服务要提质增效。充分发挥学校育人主渠道作用，加大改革力度，统筹校内校外教育资源，统筹课内课后两个时段，对学校教育教学安排进行整体规划，全面系统打造学校育人生态。提升校内教育服务质量，构建高质量教育体系，让每个学生在校内能够学得会、学得好、学得足。

区域层面。海淀区坚决贯彻落实中央、市委关于"双减"的各项工作部署，坚持首善标准，以构建良好教育生态、深化教育综合改革为工作目标，进一步强化学校育人主阵地，深化校外培训机构规范化治理工作，积极回应社会关切与期盼，按照"校外治理、校内保障、疏堵结合、标本兼治"的工作思路，努力做好"双减"各项工作。针对教育体量大、样态多、类型全、影响大等实际，海淀区进一步深化教育改革，校内校外同向发力。着力提高学校的教育教学质量，海淀教委出台了海淀区中小学生作业、手机、课外读物的管理办法，提

---

① 中共北京市委办公厅、北京市人民政府办公厅：《北京市关于进一步减轻义务教育阶段学生作业负担和校外培训负担的措施》，http://www.beijing.gov.cn/zhengce/zhengcefagui/202108/t20210818_2470436.html，2021-12-30。

高课堂质量工作方案。精心组织开展了面向全体学生的丰富多彩的课后服务工作，充分发挥校内主阵地作用。

学区层面。"双减"工作是落实国家教育方针的重要举措，需要校内外同时发力，一方面要深化校外培训机构治理，另一方面要校内教育提质增效。上地学区坚决把抓好这项工作作为深化教育教学改革、提升教育教学质量、净化教育生态的重要抓手，坚持党建引领，坚持问题导向，强化责任担当，着力破解难题，直击痛点难点，积极探索新时代教育改革路径，以促进区域教育内涵式发展为目标，在学区党组织的高位引领下，建立区域"双减工作专班组"，成立各校"双减"领导小组，多次组织党员干部研读政策、学习文件、领会精神，将"双减"视为一项政治任务，高度重视严格落实。

上地学区聚焦提高教育教学质量、提高作业管理水平、提高课后服务水平等主要任务，充分发挥教委助手、学校帮手的作用，在"双减"工作中做到要有高站位，做教育改革的推动者；要有深探索，做"双减"政策的研究者；要有真行动，做减负提质的协同者。

学区继续深化学区制改革，不断促进教育优质均衡，制订了"三提升、两融合"的校内"双减"工作思路，指导学校不断提升教育教学质量，对学校教育教学的各个环节进行了详细部署，有效统筹劳动教育、综合实践活动、体育课及体育锻炼、课后服务等工作，科学管理作业，提高课后服务水平，吸引学生回归课堂、回归校园，促进学生全面发展和健康成长，努力办好人民满意的教育。

（2）上地学区落实"双减"的成效

"双减"工作重心要从校外治理转向校内提质，核心就是要提高课堂教学质量，提高课后服务水平。为了更好地服务学校，助力学校提质增效，学区在"双减"工作中的目标锁定在更好地发挥资源统筹职能，为区域各校匹配教育资源，提供有力的资源供给，做好减负提质的推动者、研究者、协同者。

①三提升，夯实教育教学主阵地

一是提升师德师风建设。落实"双减"政策的主阵地在学校，落实立德树人的主责人在教师。教师作为"双减"政策的重要执行者，"双减"对教师提出了更高的要求和挑战，也在无形中增加了教师的压力。因此，加强师德师风建设尤为重要。

落实"双减"更要关爱教师的心理健康，上地学区重视师德师风建设，制订"师德师风专题教育工作方案"，面向全学区教师组织开展师德师风、心理健康专题教育，宣传报道优秀教师、"四有"教师等先进事迹，讲述育人故事，引导广大教师坚定理想信念、厚植爱国情怀、涵养高尚师德。

二是提升课堂教学质量。课堂教学质量是学校的"生命线"，是学生学业发展的"主导线"，是助力"双减"政策行稳致远的"减压线"。"双减"提质，对教师的备课、教学、作业设计、练习册的使用等都有了更高的要求，如何在"双减"背景下，不断地提升教学质量，这是对学校和教师的一个挑战，这就需要我们研究、变化、再研究、再改变，只有教师发生变化，真正把学生看作主动发展的主人，真正与学生共同投入教学、互动对话，才能促进学生成长，同时教师也获得成长，才能实现"双减"之下的高质量发展。

顾明远先生认为，教育的本质在某种意义上讲就是培养学生的思维，而课堂是培养学生思维的最好场所。课堂是育人的主阵地，为扎实推进"双减"工作，上地学区始终秉承着"先调研分析、找准提质减负着力点、再搭台助力"的原则，充分将区域内外优质的人力资源进行统筹，因需高位注入资源，形成了人力资源合力，带动区域各校共享共研，充分发挥示范、引领、指导作用，通过课堂育人、培养思维、培养核心素养，提高教育质量，为有效提升区域教育教学质量打下坚实基础。

三是提高作业管理能力。作业设计从来不是"小问题"，也不是"新问题"，在"双减"背景下，教育部办公厅印发《关于加强义务教育学校作业管理的通知》，中共中央办公厅、国务院办公厅印发《关于进一步减轻义务教育阶段学生作业负担和校外培训负担的意见》，中共北京市委办公厅、北京市人民政府办公厅印发《北京市关于进一步减轻义务教育阶段学生作业负担和校外培训负担的措施》，海淀区教委印发《海淀区义务教育阶段学科作业设计与实施指导意见》。各级部门陆续出台了相关的文件，对作业设计提出了更高的要求。

强化作业管理，把握作业育人功能。作业的本质是一种学习活动，蕴含着重要的育人价值。"双减"背景下，上地学区高度重视作业管理及研究，结合海淀区教师进修学校《作业管理与设计实施指导意见》，以"破解难题，提质增效"为主题，以作业为切入点，打通区域中小学作业研究壁垒，直面重点、难点、痛点、卡点，带领区域各中小学共同在作业管理、作业设计、作业辅导、作业反馈等方面加强研究与实践，以促进区域各中小学健全作业管理机制，提升作业设计质量，切实发挥作业的育人功能。

形成研究共同体，着力研究作业设计。在落实"双减"政策中，学区引导区域各中小学组成区域作业研究共同体，通过基地研修、通识培训、课堂展示、作业交流研讨等形式，互通有无、互相借鉴，在不断探索中稳步前进，"双减"工作取得了阶段性成效，既有理论思考，又有真招，具有迁移作用。

C校做"双减"落地的"领跑者"。C校作为区域乃至全国教育的先行者，在落实"双减"工作的进程中走在了前列，成为区域"双减"工作落地的"领跑者"。学校以学生为中心，秉承"儿童站立学校正中央"的理念，加强顶层设计。教师深耕课堂，把"双减"工作落实到每一天的日常教育教学生活中，将立德树人的根本任务在一日生活的整体思考中落实落细落小，不断优化育人环境，提高学校课堂教学、课后服务质量。学校在原有 X 课程基础上固本革新，不断丰富课程供给，注重纵深内涵发展，遵循儿童发展规律，搭建育人阶梯，助力每一名学生个性化成长，让教育回归本真，用实功见实效，充分发挥了学校育人主渠道的作用。

在作业管理方面，C校采用学段统筹、学科落实、阶段诊断、定期研讨的教师管理方式，提出定总量、有调整、双统筹、双公示的作业管理要求。学校围绕着学生作业育人目标，围绕着教师管理和作业管理等多个维度，讨论和研制了 C 校作业管理条例，开展了基于"双减"的教师教研工作研讨及工作坊等系列活动，保障"双减"工作切实有效地扎实落地。

B 校做作业管理的"规划者"。B 校高度重视作业设计与管理，在校长的带领下，学校各学科积极申报"十四五"作业课题研究，以课题为引领，探索出了一条契合本校师生实际需求的作业管理与实施路径——"因需设计，研究助力"的作业管理与实施"四部曲"。B 校坚持整体规划，提出作业设计的八项原则，体现出学校在探索作业设计与管理上的不懈努力。

D 校做作业研修的"引领者"。D 校作为学区英语教研基地，在区教研室指导下，在校领导的支持下，聚焦"课堂"和"作业"，整体设计英语学科教师研修课程规划。D 校带领区域各校英语团队开展一系列专题研究活动，借助基地教研平台，引导各校教师在作业设计中立足学生核心本位，培养学生核心素养，让语言学习更有实用性，让作业设计更有意义，发挥了学科基地的辐射引领作用。

F 校做开心课课练的"设计者"。一、二年级的学生有着特殊的身心发展特点，创设符合低段儿童特点的学业方式尤为重要。F 校小学部基于学情，围绕五育并举制定了符合低段学生年龄特点的课业形式，大大激发了学生的学习兴趣。设计巧妙、形式新颖的课业练习，让学生在实践活动中体验到学习的快乐。

A 校做年级作业的"把关者"。丰富多样的作业类型，可以从不同层面培养学生的思维能力和思维品质，促进课堂教学质量的提升。A 校数学教研团队从年级教研的角度分享了学校在优化作业类型方面进行的探索，即以"丰富、优化作业类型，提升减负实效"为目标，构建单元作业设计框架，制定评价反馈机制，使教学提质形成闭环。

C'校做全科作业的"调配者"。C'校语文学科打破传统"满堂讲 + 课后练"的模式，倡导全学程遵循儿童的全学习能力，打通了课堂课业的整体通道。班主任在班级家庭作业管理中通过做"作业总时长的调控师""一日生活理念下的作业营养搭配师""激发作业兴趣的布展师"，让班级家庭作业走向高品质，促进师生关系、家校关系，让学生在家庭时光中自由舒展、愉快地成长。

上地学区精心统筹整合课程、人力等资源，服务于学校"双减"，学区助力学校协同发展，形成特色，即破解难点——A 校：劳动育人，收获希望播种快乐；把握重点——B 校：体育竞赛，增强体魄锤炼意志；找准基点——C 校：一日蹲班，优化课堂提升质量；回应热点——D 校：多元课程，促进学生全面发展；强化支点——F 校小学部：家校联动，协同育人共促发展；打造创新点——F 校：校企融合协同育人，丰富课后服务形式；立足核心点——G 校：扎实推进作业管理，破解减负提质难题；培育生长点——H 校：多元丰富课程设置，促进学生全面发展。区域各中小学深入贯彻、切实推进"双减"工作，将"双减"与学校教育教学工作有机结合，着眼于提质增效，为学生提供了丰富多元、高质量的课程及实践活动，努力构建区域学校、家庭、社会"三位一体"的良好教育生态。

②两融合，搭建桥梁丰富供给

一是融合工作经验：学校—学校。随着"双减"政策的落地，"双减"的主战场在校内，区域各校把此项工作作为核心，在书记、校长的带领下，统一思想：立足初心本职，认真贯彻落实，深入研究实施，促进质量提升。面对"双减"，各校也存在着一些困惑和问题，需要多学习、多研究、多实践。为助力"双减"政策落地，学区充分发挥作用，与各校达成共识，加强校际的交流和合作，在共享、共建、共赢中提高教育教学工作的针对性、实效性，借助共同体建设的平台，努力促进区域各校持续发展。

落实"双减"要通过高质量的教育服务让学生在校内学好练足。围绕"提高教育教学质量、提高作业管理水平、提高课后服务水平"，学区组织"双减"

工作座谈会、专题研讨会、"双减"现场会，通过座谈研讨、课堂展示、成果介绍等形式，各校互相学习、共同分享各校课后服务、作业管理、课堂提质等工作经验，通过交流研讨，聚焦问题重点突破，建设高质量教育体系，落实立德树人根本任务，通过"双减"工作的持续推进，促进学校与学校间融合新思路、新方法，强化学校育人主体地位，构建教育良好生态。

学区不断加大资源开发、供给、匹配力度，借助已建成的学区实践基地，为区域各校提供科技、艺术、体育、中华优秀传统文化等各类实践课程，为学生的健康成长提供支持；在学区教师共同体框架下，努力提高学区教研基地研修质量，对标"双减"要求，加强课堂教学和课后作业指导专项研究，为教师专业化发展提供有力的教研支撑；不断提高区域各校课后服务水平，积极探索区域教师有序流动机制，促进区域教育高位、优质、均衡发展。

二是融合社会资源：学校—社会。家长和社会是做好"双减"工作的重要责任主体，上地学区充分统筹学校、家庭、社会力量，通过学区委员会、家委会等，引导家庭和社会树立正确的教育理念，着眼于孩子的全面发展与健康成长，与学校形成良好的互动，营造良好的育人氛围。

《意见》要求，学校要制订课后服务实施方案，增强课后服务的吸引力。充分用好课后服务时间，指导学生认真完成作业，对学习有困难的学生进行补习辅导与答疑，为学有余力的学生拓展学习空间，开展丰富多彩的科普、文体、艺术、劳动、阅读、兴趣小组及社团活动。《意见》对加强课后服务提出保证服务时间、提高服务质量、拓展服务渠道等明确要求，解决家长的后顾之忧。

各校认真制订课后服务方案，做到一校一案，为满足学生个性化需求，拓展课后服务渠道、丰富课后服务资源。上地学区在前期对各校调研的基础上，召开资源单位和学校座谈会，力求创新协同方式，充分利用区域内外优质社会资源，拓展课后服务渠道。

学区围绕"五育并举"，充分发挥统筹协调职能，精选出青龙桥青少年活动中心、北京体育大学、北京人艺等多家单位，还从专业课程、专家讲座、社团辅导、实践活动等多个维度挖掘课后服务资源，为学校提供菜单式供给，不断充实优质的课后服务资源。学区将继续协同各校与资源单位建立联系，推进课后服务资源转化进程，进一步促进学校与社会间的资源融通，为各校拓展课后服务渠道奠定了良好的基础，确保"双减"各项工作落到实处。

案例1：聚焦"双减"工作提升课堂教学质量

"双减"背景下，提升教师教学能力，提高课堂教学成效，成为学校校本教研的重点工作。如何开展有效的学科教研？如何指导一线教师提升学科核心素养，提高课堂实效？这是区域各校迫切需要解决的问题。

一、调研需求，定制研修

学区对各校需求调研集中体现在：各校迫切希望专家能够走进学校，从听课评课、跟踪诊断、专题讲座、课题研究等多方面进行深入的诊断、指导。

学区基于学校、干部和教师的需求，本着助力学校发展的原则，学区和市基教研将深度合作进行为期五年的"学校定制性"研修，开展具有针对性、个性化的研修活动。学区和市基教研制订了"聚焦'双减'工作 提升育人能力——教师共同体素养提升"研修方案。在高端人力资源的指导下进行深度研修，共享共研、共学共长。

二、聚焦"双减"，精准制导

2021年10月至2022年6月，上地学区联手北京市基教研中心开展"聚焦'双减'工作，提升育人能力"课堂教学质量研究活动，聚焦"双减"背景下的精准指导，采取"通识培训——下校调研——学科诊断"的方法，专家团队走进区域各中小学课堂，整体把握学校课堂教学水平和学生发展水平，有的放矢地促进学校各学科教学的改进提升。

专家各学科团队逐一走进区域学校——G 中学、B 小学、C 小学，通过线上线下的方式，深入学校、深入课堂、深入教研组，结合学校的需求，通过"聚焦——校长谈学校'双减'""诊断——课堂教学展示、作业设计""调研——学校作业管理、教师作业设计""研究——专家点评、互动研讨"等研修环节，聚焦"双减"背景下的课堂实质、作业管理，进行有针对性的调研指导，助力学校教学质量提升。

三所学校高度重视，充分抓住学区搭建的高端平台，高中、初中、小学全学科进行汇报，学校教学干部、教研组长、骨干教师亲自上阵，示范"双减"研究课、汇报作业设计。专家高位的引领，让各校收获颇丰。

全面展示：聚焦学校育人主体，展示"双减"工作落实过程中学校的整体思考与课堂落地。

系统诊断：对于学校落实"双减"工作过程中课堂提质的成效，通过全学科、全学段、全教师群体开放课堂，进行系统诊断。

指向提质：通过展示与诊断，促进教育教学质量的整体提升，提升教师系统育人的能力，为学校持续优质发展奠定坚实基础。

三、高位引领，提质减负

学区将优质的人力资源精准投放到学校，"因需定制性"的研究活动促区域"教研"深度开展。三所学校线上线下的课堂展示、作业研讨、专家点评指导活动，全部对区域各校开放，做到了资源共享。上地学区以"研修"促"教研"，不仅带动了"双减"背景下学校各学科教研组的深度教研，还为区域各校教师提供了学习交流机会。区域学校间、学科间、教师间相互观摩研讨，切磋教学方法，拓展教学思路，深入推进"双减"扎实开展。学区助力区域各校教师准确把握"双减"课堂实质，不断提升教师教学能力，提高区域整体教学质量，落实立德树人。

案例 2：融合学校间工作经验　智慧共享互鉴共进

　　为贯彻落实中共中央办公厅、国务院办公厅《关于进一步减轻义务教育阶段学生作业负担和校外培训负担的意见》文件精神，积极响应市、区两级"双减"工作要求，上地学区深入思考、主动作为、精心规划，组织召开"夯实'双减'工作　提升教育质量"学区教育教学工作会，交流各校在"双减"工作中遇到的问题和实施举措。通过分享、交流，借鉴兄弟学校的具体做法，各校对"双减"工作都有了新的认识，打开了新的思路，对课后服务、作业管理等方面有了更深入的思考，扎实有效推进了区域"双减"工作落实落地。

　　各校都结合本校实际情况制订了符合学情、具有学校特色的课后服务方案，实现了课后服务的全覆盖。在作业管理方面，各校充分挖掘教师潜力，既保障学习困难学生的基础辅导，又兼顾学有余力学生的能力拓展，按学段、年级设计具有个性化的分层作业，关注每一名学生的成长。各校特色做法如下。

　　A 校通过体育、科技、劳动、经典诵读等课程分享了学校落实重点课程建设的具体做法，在作业管理方面严格调控作业数量和总时间，鼓励学生在校完成作业。同时，学校加强教研组交流，打破空间局限，共享研究，真正发挥作业在培养学生核心素养、养成良好学习习惯等方面的育人功能。

　　B 校以"诗意前行"课程体系为依托，将课后服务纳入整个课程体系，学校 60 余个社团以点带面构建起了一张辐射全校的课程网，实现了课后服务课程化。同时，学校从育人为本、目标一致、设计科学、类型多样、难度适宜、时间合适、结构合理、体现选择 8 个方面对单元作业设计提出高质量要求。

　　C 校从作息安排、课程安排、课程管理三方面对学校课后服务工作进行介绍。学校秉承落实"双减"政策的原则，家长自愿申报，全方位满足，应管尽管，课程内容丰富，提质增效，为学生提供了校内外结合、多样性的 X 课程，有评估、有检查，课程管理机制健全。

D 校从减轻学生课业负担的原因着手，向区域各校介绍了 D 校在布置作业时精简内容、统筹学科、尊重差异、细化常规等主要做法，尤其是在面向一、二年级低段学生时，更加关注提升课堂效率，布置以读诵为主的作业，优化评价方式。

F 校作为一贯制学校，建立符合学生多样发展需求、分层次分阶段的课程体系，营造"有问题、有互动"的教与学课堂文化，坚持"五育并举"加强劳动教育，丰富综合实践活动方式与内容，从家长的需求出发，从解决实际的问题出发，做到一周 5 天中小学生课后服务全覆盖。小学：结合不同年级学生特点开展体育、实践和课业辅导。初一、初二年级：周一选修课，周二至周五开展学科辅导、德育特色活动和体育活动。初三年级：周一至周五，开展各学科学业辅导答疑。

G 校鼓励布置分层、弹性和个性化作业，坚决克服机械、无效作业，杜绝重复性、惩罚性作业，加强作业指导，要求教师认真批改作业，及时做好反馈，加强面批讲解，认真分析学情，做好答疑辅导，严把作业数量关和质量关。在课后服务工作中设定层级教学目标，起始年级重衔接、养习惯、明志趣，中间年级重思维、明方法、拓视野，毕业年级重素养、挖潜能、展情怀。

H 校从作业布置原则、作业批改要求、作业管理考核等方面介绍学校在"双减"工作中就减轻学生课业负担做出的举措。针对学困生，加强作业辅导和学习方法的指导，加强基础学科的学习指导，关注培养良好的学习习惯，提高学习兴趣，增强学习信心。

"双减"座谈会，是学区贯彻教育部"双减"文件精神、全面落实立德树人根本任务、扎实有效推进"双减"工作落地的积极之举，也是必要之举。学区及区域各校高度重视，将"双减"工作视为一项重大的政治任务来对待。

案例3：融合社会资源服务学校课程建设

◆ **学校课程需求**

学区内F校自建校起，借助地处高科技企业园区这一地域优势，高度重视科技创新发展，被评为北京市科技示范校。学校不断借助周边高新科技企业园区的科技力量，开展参观与讲座交流活动，促进学校科技特色发展。基于特色发展，学校决定在"十四五"期间构建出一套基于"上地信息产业高科技园区"的校本课程（简称"园区课程"），深度整合所处园区的相关教育资源，实现校企融合的全新的具有"上地"特色的校本课程建设，为发展教育实践途径的多元化进行尝试和探索。

◆ **学校课程开发**

学区与社会各方主体建立联盟，将社会待开发的优质资源转化为学区课程资源，学区聚焦十大高精尖产业，与各企业合力开发《科技园区课程》，建立"上地学区青少年科技创新教育实践基地"，将优质的课程资源辐射各校师生，为丰富课后服务形式提供可供参考和实践的模式，区内多家企业成为了学校的大课堂。当F校提出园区课程构想之后，学区帮助学校梳理可用的资源单位，同时把制作好的课程资源全盘提供给学校。在学区干部与老师强有力的支持之下，三家企业的课程顺利在F校的选修课中落地，50位学生在新学期的课后服务中，通过菜单式选择走进了园区课程的课堂，一颗"企业创新发展对国家和社会作出贡献"的种子种在了同学们的心中。

◆ **学校课程实施**

M课程——产品思维改变世界，以M公司的产品为例，教给学生产品设计思维，学会设计产品，学会建立一家公司，运营一家公司。M公司非常重视课程，第一次给F校上课一下子来了四位老总，课堂上同学们对工程师带来的智能门锁很感兴趣，一双双手高高举起，等待着自己的提问机会。

　　L 课程——开阔视野，每次上课，L 集团派了三人以上的讲师团，老师风趣幽默的讲解让同学们认识到企业发展对国家和社会作出的贡献，了解核心技术与创新成果的应用与实践，体验感受 L 集团为个人和企业客户提供的各种产品、服务和解决方案，让同学们畅想未来生活，自己动手设计出有创意的科技产品或解决方案，并促进同学们对职业规划的思考。

　　F 校课程发展中心、科技中心与 B 公司合作开发了一门人工智能课程《保护和可持续利用海洋及海洋资源以促进可持续发展》。基于对该校学生进行的调研，对学生感兴趣的三个热点问题开发了 IB 项目式学习课程。在学习过程中，在个人和社会方面，学生将从全球视角出发，看待人与自然环境的关系，以及人作为社会性生物应当参与社区可持续发展所应付出的努力；在科学方面，学生将探索如何利用人脸识别、视频监测、垃圾分类、海洋生物识别等相关技术，解决促进可持续发展中的某一个具体问题，并考虑这些科学技术对社会发展的影响；在跨学科的学习过程中，学生将结合他们在前两个学科中的学习，考虑并展示人脸识别、视频监测、垃圾分类等具体技术的实现手段，以及有目的地使用有说服力的语言交流有关技术给社会带来的影响。学生将围绕这些主题进行辩论、思考、表达与反思。这一课程的开发对于学校国家课程的校本化实施也是非常有帮助的。

　　这门课程由 F 校科艺体中心主任亲自任教，B 集团的志愿者老师作为技术支持随堂听课。科艺体中心主任是信息技术学科市级骨干教师，通过 B 课程的实施也为初中新课程标准的落地及实施，在项目式学习上进行了有意义的探索。B 课程的选题来自初一年级 500 多名学生调研问卷的反馈，学生感兴趣的话题是与海洋生物深度相关的。这个选题困扰了老师很久，直到一次老师们听了一节语文的推门课，才瞬间找到了答案，原来初一年级的同学们都在读《海底两万里》。

◆ **学校课程评价（仅以一个班为例）**

开课一段时间之后，F校针对园区课程的实施情况进行了一次调研。通过调研发现，大部分学生选修课程学习是认为课程对今后的学习和生活有帮助，或者为了提高自己的综合素养，还有少部分同学认为对自己提高文化学习有帮助，或者随便玩玩。总体来看，大部分学生能够清晰地认识到选修课程学习的意义。在调查的30人中，有22人将园区课程列入选修计划；有12人将其作为选修课首选。调查发现，学生希望通过园区课程学习到高科技产品的创想、应用以及高科技企业的发展、对人才的要求等内容。在课堂组织形式上，大部分学生希望通过学生实操的形式开展；在考查方式上，大部分学生希望采用小组答辩的形式，也有少部分学生希望通过学习总结、小论文和个人答辩的形式进行考查。在对课程教学的评价上，93.3%的学生都感到满意或非常满意。满意的原因主要包括两方面：一是教学内容有趣、知识实用、教学方式新颖，二是教师讲授生动、幽默，声情并茂，吸引了学生的兴趣。最后，同学们表示希望今后可以多一些实践、实操、体验、小组合作等活动。

以上的反馈说明学生越来越喜爱园区课程。这次调查为F校探索园区课程建设，以及为企业不断调整自己的教学策略和方法提供了参考依据。由于有学区的指导，以及众多优秀企业的责任担当，上地学子享受着丰富的学习资源。

教育是立国之本，民生之基。在不断深化基础教育综合改革、推进教育现代化的进程中，上地学区积极统筹、探索区域内优质教育资源，不断整合、优化，初步形成了教育系统内外多元主体共同参与、协商共治、民主对话和多回合互动的现代化教育治理形态。在"双减"的时代，从"共治"走向"善治"，为学区供给优质而有特色的多元资源，推进区域教育高位、优质、均衡发展，上地学区一直在努力！

2.上地学区协同学校推动家校社协同育人

家庭是人发育、成长、生存的首要基地，学校是传承文化、培养人才的主要平台，社会是人谋生发展、相互交往的基本环境。习近平总书记在2018年全国教育大会上指出：办好教育事业，家庭、学校、政府、社会都有责任。但长期以来，学校教育"一轨独大""一枝独秀"，家庭教育和社会教育发展较弱，三者没有发挥合力，无法形成互补，因而产生的社会和教育问题时有发生。随着我国进入社会主义新时代，学校、家庭、社会协同育人受到前所未有的重视，日渐成为我国教育改革发展中的新要求。

（1）上地学区家校社协同育人的提出

①现实背景

在国家政策层面，2018年9月，习近平总书记在全国教育大会上第一次将办好教育事业的责任和任务进行明确和拆解，即家庭是人生的第一所学校，家长是孩子的第一任老师，要给孩子讲好"人生第一课"，帮助扣好人生第一粒扣子；教育、妇联等部门要统筹协调社会资源支持服务家庭教育；全社会要担负起青少年成长成才的责任；各级党委和政府要为学校办学安全托底，解决学校后顾之忧，维护老师和学校应有的尊严，保护学生生命安全。2021年10月23日，中华人民共和国第十三届全国人民代表大会常务委员会第三十一次会议通过《中华人民共和国家庭教育促进法》，自2022年1月1日起施行。这是中国首次就家庭教育进行专项立法，将家庭教育由旧时期的传统"家事"上升为新时代的重要"国事"。《中华人民共和国家庭教育促进法》中规定了针对未成年人教育的家庭责任、国家支持、社会协同工作要点和相应的法律责任，其中在"社会协同"一章中明确指出"中小学校、幼儿园应当将家庭教育指导服务纳入工作计划，作为教师业务培训的内容"，"中小学校、幼儿园可以采取建立家长学校等方式，针对不同年龄段未成年人的特点，定期组织公益性家庭教育指导服务和实践活动，并及时联系、督促未成年人的父母或者其他监护人参加"，"中小学校、幼儿园应当根据家长的需求，邀请有关人员传授家庭教育理念、知识和方法，组织开展家庭教育指导服务和实践活动，促进家庭与学校共同教育"。

在区域实践层面，为深入贯彻《中华人民共和国家庭教育促进法》，落实全国妇联、教育部等九部委印发的《教育部关于加强家庭教育工作的指导意见》《北京市大中小幼一体化德育体系建设指导纲要》等文件的精神，2021年11月海淀区教工委建立"海淀家长学校"并成立了17家学区"家长学校"，提出要健全区级一学区一校级"三级体系"，探索家校社共育运行模式，促进中小学家长学校管理的规范化与科学化，形成区域学校、家庭和社会多元协作、深度合作的区域家庭教育工作新格局。上地学区作为学校、家庭、社会等多元主体之间的纽带，需要深入挖掘学区在三级体系中的职能定位及其独特性，发挥学区教育治理多元主体优势和资源整合优势，在加强区域家庭教育工作的顶层设计、推动中小学家长学校规范化建设、系统构建家庭教育指导内容等方面发力，探索形成区域学校、家庭、社会多元协作、深度合作的区域家庭教育工作新格局，以更好地落实立德树人根本任务，推动区域教育优质均衡发展。

②理论背景

美国霍普斯金大学爱普斯坦受发展生态学理论及社会资本理论启发，在1987年提出了以"关怀"为核心的交叠影响域理论，作为家庭—学校—社会新型合作伙伴关系模式的理论分析框架。其核心观点旨在表明：家庭、学校与社区三大环境在学生的成长中会产生交互叠加的影响，通过家庭、学校和社区进行高质量的、频繁的交流和互动，学生更有可能从不同的人那里得到关于学校、努力学习、创造性思维以及互助的重要性认知，进而增进自我发展的内驱力。交叠影响域理论的模型分为外部模型和内部模型两类。外部模型（图9-2）旨在阐述家庭、学校和社区三者之间的叠 - 离关系，三者作为孩子成长的主要环境，既可相互合作，亦可相互分离。三者各自对学生影响力的大小会受学生的年龄、年级及与之相应的教育活动等影响而处于变化中。

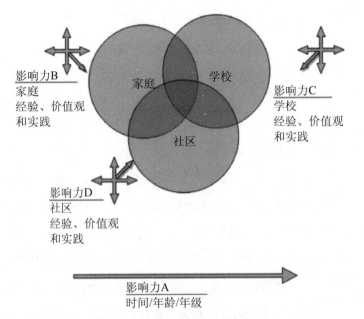

图 9-2 交叠影响域理论外部模型

内部模型是外部模型交叠区域中关键部分的放大，其内部结构展示了家庭、学校、社区中的个人在何处以及如何互动和影响，这些互动既可以发生在机构层面，也可以发生在个人层面。以家庭和学校的交叠部分为例，其交叠影响域理论模型如图 9-3 所示。

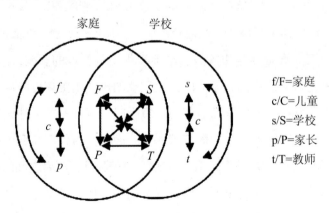

图 9-3 交叠影响域理论内部模型（家庭、学校交叠部分）

图9-3展示了组织内部和组织之间两种类型的互动和影响，同时还显示了组织和个人两个层次的互动。如家庭（f）和父母（p）的互动指父母、子女或其他亲属处理家庭生活和人际关系时的互动；家庭（F）和学校（S）间的互动指家庭成员和学校工作人员之间的互动，涉及所有家庭成员和学校工作人员或学校计划，包括学校为父母开设讲习班、让家长参与学校活动等。

在交叠影响域理论下，爱普斯坦等人通过研究和总结典型做法，开发了6种家校社协作参与模式，分别为养育子女、沟通交流、志愿服务、在家学习、决策制定、与社区协作，为发展均衡和全面的合作伙伴关系提供了具体的实践内容和指导。在交叠影响域理论中，儿童处于所有互动和影响模式的中心，家庭、学校和社区要形成合作伙伴关系，合作伙伴项目是推动合作的核心要素，这为学区推动家校社协同育人提供了启示和方向。

（2）上地学区家校社协同育人的成效

①开展心理健康教育，提升家校沟通能力

青少年心理健康是一个不可忽视的重要公共卫生问题，关系青少年成长，事关培养德智体美劳全面发展的社会主义建设者和接班人的大局。全方位守护青少年的心理健康，需要家校同步协调、及时沟通，形成多方参与的社会合力。《中华人民共和国家庭教育促进法》明确指出，畅通学校家庭沟通渠道，推进学校教育和家庭教育相互配合。学校可以通过家访等形式充分了解学生成长的家庭环境，通过线上线下平台普及心理健康知识，引导家长树立正确教育观念、掌握正确教育方法。同时家校在心理危机的预防和干预方面要加强配合。学校应当通过深度辅导，及时了解学生家庭情况，从而建立长效和动态合作机制，同步协调、及时把握学生的心理动态。

针对以上要求和区域实际，上地学区将心理健康教育作为重点工作之一，申请立项了海淀区教育科学"十四五"规划课题《学区心理健康教育发展研究与实施》，以科研为引领进行探索实践；制订《上地学区"十四五"时期心理健康教育发展规划》，确定总体目标：到2025年，初步构建上地学区师生心理健康教育体系，搭建系统的课程资源、人力资源和空间资源服务平台，促进区域各中小学心理健康教育科学发展，提升师生积极心理素质，为学生健康成长和幸福生活奠定基础。依据"四结合"（见图9-4）原则，充分统筹社会资源，以积极心理学为理论指导，依托"四个一"（见图9-5）资源支撑体系，在三大机制的保障下，重点开设积极心理提升项目和畅通心理服务项目（见图9-6），初步实现区域心理健康教育科学发展，强化教师心理健康素养，提升教师家校沟通能力，为家校社共同守护青少年的健康成长和幸福生活奠定基础。

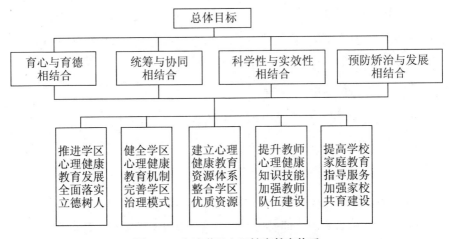

图9-4　上地学区心理健康教育体系

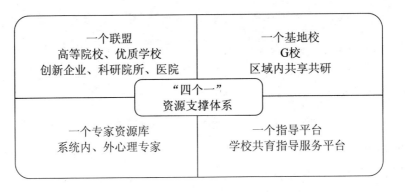

图9-5　上地学区心理健康教育资源体系

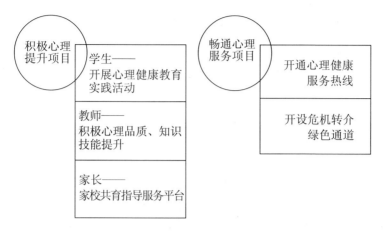

图9-6　上地学区心理健康教育重点项目

案例4：落实心理健康教育发展规划携手同心育人

心理健康问题是社会各界高度关注的热点话题，中小学生的心理健康教育问题日益凸显。作为区域教育治理的职能部门，上地学区将心理健康教育工作纳入学区家校社协同育人工作体系之中，制定了《上地学区"十四五"时期心理健康教育发展规划》。

◆　**制定规划内容**

《上地学区"十四五"时期心理健康教育发展规划》以积极心理学为理论指导，涵盖总体目标、四项原则、五大任务等内容，其中凸显两个重点项目——积极心理提升项目、畅通心理服务项目。"十四五"期间，学区将通过建立"四个一"资源支撑体系，即一个联盟、一个专家资源库、一个基地校、一个指导平台，在三大机制的保障下，初步实现区域心理健康教育科学发展，为学生健康成长和幸福生活奠定基础。

◆　**构建专家资源库**

学区秉承大心理健康观，重视心理健康及特殊教育工作，构建起较为完善的心理健康教育服务体系，深入落实立德树人根本任务。学区聘请北京大学心理与认知科学学院、北京师范大学心理学部、清华大学积极心理学研究中心、北京体育大学心理学院、教育部国家培训专家库、海淀区教科院德育心理中心、海淀区特殊教育研究与指导中心等单位的心理专家为学区专家资源库首批专家，共同指导学区开展区域心理健康教育工作。

◆　成立心理基地校

上地学区是海淀区首家制定发布"十四五"心理健康教育规划的学区，规划的制定及时而必要，深入而全面，具有前瞻性、创新性和实效性。规划的制定和出台，得到了区域学校的鼎力支持。G校作为上地学区心理健康教育实践基地校区，将发挥辐射引领作用。G校通过专题工作坊等形式，组织区域内中小学教师开展区域内共享共研活动，促进学区心理健康教育工作的整体提升。学区以规划为引领，充分整合心理教育资源，系统开展心理健康教育工作，深入推进"三全育人"、立德树人、同心育人。

◆　开展积极心理培训

为深入落实《上地学区"十四五"时期心理健康教育发展规划》，聚焦区域教师心理健康素质提升及心理学专业知识、家校沟通知识和技能提升，上地学区组织开展"上地学区干部教师素养能力提升——心理健康教育、特殊教育高级研修"项目，对区域各校中小学德育干部、心理教师及班主任进行为期两个多月的研修培训。

学区精心规划课程，培训内容丰富，既有心理学理论知识、中小学生认知发展规律、特殊教育、融合教育、团体心理辅导技能、一般心理问题鉴别及干预、案例咨询等心理学科课程，又有音乐、美术、科技、文化等拓展课程。名师名家讲座、小组交流互动、案例分析、实践探究体验等形式多样的研修，为教师进行了全方位的心灵补给，提升了教师的综合素养，对构建良好师生关系、家校关系起到了积极的推动作用。

◆　加强家校共育建设

为落实推进家校共育建设，提高学校家庭教育指导服务。学区已连续两年针对中高考前家长、学生的情绪，邀请教育部国培专家库心理专家、国家级心理咨询师等，从考前、考中学生和家长心理自护，考前、考中需要注意的事项，家长如何助力孩子考试等方面进行考前心理培训、辅导，帮助参加中高考的学生及其家长进行心理调适，以最好的心理状态迎接中高考。

每次讲座结束后，上地学区的家长们纷纷发表感想，认为心理辅导特别及时，解决了家长心中的困惑，也帮助家长们找到了助力孩子的正确方向。

②建设学区家长学校，提供专业系统指导

从 20 世纪 80 年代起，"家长学校"在我国已发展了近 40 年的时间，它分布广泛，数量庞大，但依然存在很大的发展空间。家长学校的教学效果和质量水平仍需提升，其核心是要提升家长学校的课程和教学质量。2021 年 11 月，"海淀家长学校"和 17 家学区"家长学校"相继成立。为更加规范、专业地开展学区"家长学校"建设，上地学区申请立项了北京市教育科学"十四五"规划年度课题"学区'家长学校'课程的构建与实施研究"，以科研为引领，开展学区"家长学校"课程构建与实施，并力图实现以下研究价值。

一是为确保上地学区"家长学校"在区级—学区—校级"三级体系"中发挥应有的作用，学区将调研、梳理海淀区"家长学校"和学区中小学"家长学校"的运行和课程建设现状，明确学区"家长学校"的定位和工作目标。二是将对学区内中小学家长实际需求进行调研和分析，掌握家长在家庭教育方面的真问题和真需求。三是上地学区将以课程理论为基础，开发符合学区"家长学校"定位、满足学区家长需求的课程，包括课程目标、课程内容、课程实施形式等，并在课程实施中发现问题、不断完善，深化家校社共育，落实立德树人的根本任务。

学区家长学校依据《全国妇联 教育部 中央文明办关于进一步加强家长学校工作的指导意见》《全国家庭教育指导大纲》，引导家长树立正确的儿童观和育人观，为儿童健康成长营造良好环境，进行课程设置。一类是围绕通识类主题，开设伴随成长课程；另一类是围绕热点类问题，开设预见未来课程。

学区家长学校以需求为动力，拓展学习空间和课程内容，围绕主题采取线上线下相结合的方式，采用"一课五式"推进实施相关课程，即送课式、选课式、抢课式、拼课式、双课式（图9-7），将课程推送、选送给学校，由家长根据需求进行选择。

图9-7 "一课五式"的家长学校课程模式

③甄选优质阅读书目，推送系列主题书单

家庭教育是大教育的组成部分之一，是终身教育，是学校教育与社会教育的基础。家庭教育虽然逐渐受到重视，但由于缺乏专业系统的指导服务，家长在开展家庭教育的过程中仍存在不少困惑。为促进家校社协同育人，上地学区借助优质社会资源，推出家庭教育主题系列书单，为学区中小学、幼儿园家长更新家庭教育观念、学习家庭教育知识、掌握家庭教育方法提供优质且免费的电子书资源，帮助广大家长成为孩子最好的家庭教师。

学区结合家庭教育中的重点话题和热点问题，划分了家庭教育相关书目的不同主题，即名家智慧、身心健康、习惯养成、沟通密码、案例分享、生涯规划、亲子阅读等，并在学区微信公众平台陆续推送书单和阅读资源，供广大家长选读，同时也为"共读一本书"等学区、学校主题阅读活动提供了丰富的阅读内容，对家校社共育起到促进和支撑作用。

案例5：推出家庭教育独家书单——名家智慧

2022年4月，在世界读书日来临之际，上地学区家长学校推出系列书单的第一个主题：名家智慧。期待上地学区广大家长共学国内外家庭教育大家的理念和方法，共赏古今中外名人的经典家教故事，用智慧启迪智慧，以生命润泽生命。

《家庭教育》

本书的作者陈鹤琴是中国著名儿童教育家、儿童心理学家。早年毕业于清华大学，与陶行知一起留学美国，回国后长期从事师范教育与儿童教育工作，是中国现代幼儿教育和家庭教育的奠基人。本书是一本影响了几代中国人的家教经典，全书分12章，立家庭教育原则101条。陶行知在序中说："此书系近今中国出版教育书中最有价值之著作，愿与天下父母共读之。"

《卡尔·威特教育箴言》

小卡尔·威特是19世纪德国一个著名的天才，16岁获得法学博士学位，终身在德国著名大学里任教。他出生后并未表现出多么聪明，反而被认为是个有些痴呆的孩子。奇迹的发生全在他父亲老卡尔·威特教子有方。老卡尔·威特认为一个人能否有所成就，其禀赋起着一定的影响，但最主要的还是后天的教育。教育得当，普通的孩子也能成长为天才。教育不当，即使再大的天才也会被毁掉。他的早期教育的理念塑造了近代许多世界级的成长典范。

《斯特娜教育箴言》

维妮弗里德·斯特娜是美国宾夕法尼亚州匹兹堡大学语言学教授。在卡尔·威特教育理念的影响下，她形成了自己的"自然教育"理论。在此理论指导下，她的女儿维妮弗里德3岁就会写诗歌和散文，4岁会用世界语读写剧本，5岁能自由运用8国语言，9岁进入大学，成为人们眼中的天才儿童。斯特娜教授成立了自然教育学校，用其教育理念培养出了众多天才儿童，让世人认识到早期教育对孩子成长的重要性。

《蒙台梭利育儿全书》

玛利娅·蒙台梭利博士是教育史上一位杰出的幼儿教育思想家和改

革家。她所创立的独特的幼儿教育法，风靡了整个西方世界，影响了欧美国家的教育水平和社会发展。本书是玛利娅·蒙台梭利教育理念的"全本"呈现形式，囊括了她一生所有重要的教育理念。她提出的胎胎期、儿童的敏感期、孩子的发展阶段性、儿童是在"工作"中成长等理论，如今依旧被家长、老师实践着。

《蒙台梭利亲子游戏 300 例》

本书按照日常生活能力、感官能力、数学能力、语言能力、科学文化能力五大能力分类，配合蒙台梭利的经典育儿理念，提供切实可行的游戏指导和素材。本书独具创新地以游戏地点划分章节，配以可以动手操作的游戏插图，让宝宝在每一个地方尽情发挥创造力，帮助宝宝在自然的状态下从生活中获取知识、提高能力，让每一位家长在游戏中与宝宝共享快乐。

《中外名人经典家教故事》

本书选取了 50 余位古今中外名人家庭教育的故事，既有"孟母教子""诸葛亮教子"等古代名人教子的故事，也有钱学森、达尔文等现代名人接受家庭教育而成长的故事。家庭教育的方法涉及父母的言传身教，发现孩子的兴趣并重点培养，做好孩子的品行教育，以及提高孩子的心理素质和创造孩子成长的和谐环境等。本书既有启发性又使人读起来轻松愉快，相信会对家长们有所帮助。

《人生第一课——民国名家忆家庭教育》

本书精选了冯友兰、林语堂、胡适、陈鹤琴等名家回顾对自己一生影响至深的家庭教育的文章，共分五卷：作家卷、学者卷、教育家卷、科学家卷、艺术家卷。家庭教育是每个人人生的第一课，是一生幸福的源泉。

《毛泽东是如何教育子女的》

本书以毛泽东的子女为主题分为六个篇章，分别讲述了伟人与其子女相处的生动故事。文中既有毛岸英参加抗美援朝战争的始末，也有毛泽东在得知寄予厚望的爱子战死沙场后的悲怆，还有李敏返校前帮女儿擦拭离别泪水的温情，相信这些故事会使读者更加生动、立体地了解毛泽东的真实生活与教育理念。

　　未来，上地学区家长学校将会陆续推送其他主题书单，并将发挥学区资源统筹作用，开设学区家长学校课程、组织亲子实践活动，希望家长朋友们持续关注、参与学习。愿家校社共育，家国梦共圆！

　　新时代的教育面临着新的课题。上地学区作为家庭、学校、社会多元主体间的桥梁，以家校社共育为愿景，努力唤起共识、规范组织建设、搭建合作平台、统筹优质资源、提供专业服务、探索相关机制，形成共同育人的合力，构建协同育人新格局。

经验小结

　　在学区制改革的背景下，学区可以通过双链协同的模式推进学校整体发展。学区围绕责任链创新生态链，在完成两委部署的工作的同时，突出学区资源开发统筹整合作用于学校的特色发展，打造区域教育优质均衡；学区围绕生态链落实责任链，在协同学校创新工作、自主管理的同时，强化责任担当规范教育治理，构建区域良好的教育生态。"责任链"和"生态链"深度融合，共同助力学校的持续健康发展，推进教育公平、优质、均衡、特色发展迈上新台阶。

经验十　着眼学区教育促进未来发展

　　教育是事关国家发展和民族未来的千秋基业。全国不同地区实行学区制改革且取得了一定的成效，实现了开好局、起好步，但若想行稳致远，就不能只低头拉车，更要抬头看路。进入"十四五"时期，各省（区、市）有了新的发展目标和重点任务，学区也应明确方向、顺势而为，将学区发展融入国家和区域发展大局。依据国家和地方教育发展的总体要求，北京市海淀区上地学区明确了学区教育发展目标，坚持科学的发展方向，制定学区教育发展的主要任务，为实现区域教育治理体系和治理能力现代化，以教育公平促进社会公平作贡献。

一、明确学区教育发展目标

（一）全国教育总体形势

　　当今世界正经历百年未有之大变局，"十四五"时期是我国全面建成小康社会、实现第一个百年奋斗目标之后，乘势而上开启全面建设社会主义现代化国家新征程、向第二个百年奋斗目标进军的第一个五年。国家提出要建设高质量教育体系这一总目标，着眼良好教育生态，中共中央办公厅、国务院办公厅发布的《关于进一步减轻义务教育阶段学生作业负担和校外培训负担的意见》，旨在强化学校育人主体地位，深化校外培训机构治理，从根本解决国家义务教育阶段中小学生负担过重的问题，促进学生全面发展和健康成长。教育部"十四五"规划指出要全面落实立德树人突出德育实效，注重体育健康、重视美育熏陶、加强劳动教育，培养德智体美劳全面发展的建设者和接班人，把立德树人融入思想、教育、政治、文化知识、社会实践教育的各个环节，加强系统谋划和顶层设计，注重学校心理教师队伍建设，完善学生心理健康服务体系，充分发挥劳动育人功能，构建新时代劳动教育机制，形成家庭、学校、社会合作育人的劳动教育体系，体现劳动教育的协同性。健全全面育人的长效机制，通过家长、学校、家长委员会、家长会、家访等途径密切联系，加强家庭教育指导传递正确的教育观念，形成教育合力，探索互联网＋条件下的人才培养新模式，实现教育信息化模式创新，基于互联网教育服务新模式、信息时代的教育治理新模式，实现教育信息化模式的创新。

（二）市区教育改革方向

习近平总书记十分关心首都教育事业，党的十八大以来，习近平总书记多次视察首都教育系统，并作出一系列重要指示、批示，为做好首都教育工作提供了根本遵循。"十四五"时期是北京市向实现高水平教育现代化迈进的重要时期。北京市"十四五"规划期间是北京落实首都城市战略定位、建设国际一流的和谐宜居之都和建成国际科技创新中心的关键时期，是首都教育全面开启建设高质量教育体系和高水平教育现代化的新阶段，将全面推进首都教育现代化，系统提升素质教育水平，构建高水平现代化教育体系，持续深化教育改革。

"十四五"期间是海淀科技创新能级的全面提升期，也是海淀区现代化教育强区发展水平的全面提升期。海淀区要努力建设高能级创新引领型城区、高质量发展典范城区、高颜值宜居宜业城区、高水平改革开放示范城区、高品质民生幸福城区、高素质全国一流文化强区。到2025年，海淀教育要实现更高水平的现代化，构建与海淀区相适应的多维立体的高质量教育体系。海淀区"十四五"教育发展规划中包括全面育人、质量提升、高中教育、义务教育、学前教育、特教发展、布局优化、人才强教、智慧教育、教育督导等十大工程，设定了学生成长、教育教学、教师发展、教育评价、治理管理等五类共 24 项内容的重点项目。学区以工程和项目的方式，确保规划充分落地，把全面育人作为专项工程，同时还将提升学生身心健康水平列为重点项目予以推进。

（三）学区教育发展目标

"十四五"期间，上地学区将以习近平新时代中国特色社会主义思想为指导，全面贯彻党的二十大精神，贯彻落实全国、市区教育大会精神，以党建引领区域教育改革，以供给侧结构性改革为主线，以改革创新为动力，构建新发展格局，建设与海淀教育相适应的区域高质量教育体系，打造更高水平、更高质量、更富活力、更具特色的上地教育，坚持立德树人、五育并举，努力培养担当民族复兴大任的时代新人。

在发展目标上，上地学区将全面贯彻党的教育方针，努力构建区域高质量教育体系，形成均衡、优质、创新、开放的上地区域教育总格局。初步实现区域教育治理体系和治理能力现代化，为实现上地区域社会经济高质量发展提供基础教育服务支持，以教育公平促进社会公平正义。

二、坚持学区未来发展方向

在推进义务教育均衡发展的过程中，各地采取了集团化办学、教育集群、学校发展联盟、九年一贯制、优质教育资源带、名校办分校、城乡教育一体化等诸多优质资源整合模式。上地学区从自身区情和教情出发，探索学区制改革，以资源整合赋能学校发展，缩小校际差距，同时以制度建设的路径，将整合模式制度化、规范化，在推进教育优质均衡发展的同时，也促进了区域教育治理现代化，为教育均衡发展提供了制度保障和持续动力。

（一）坚持实体运作

中共海淀区委、区政府高度重视学区制改革，在制度和组织层面给予了大力支持。一方面，构建了完整的制度设计。在学区层面成立了学区委员会，由各街镇领导、中小学校长、驻区单位代表以及家长代表等约 30 人组成，委员会主任委员，由各街镇的党委书记担任，学区委员会作为议事机构，定期研究学区教育改革与发展重大事项。同时，在学区设立具有独立法人地位的学区管理中心，作为委员会的秘书处，并分别成立发展规划部、教育教学部和资源统筹部，在学区委员会的指导下，在教育行政部门的领导下，统筹协调处理学区内的具体事务。另一方面，提供了完善的组织保障。在区委区政府层面，海淀区成立学区制改革领导小组，全面组织、协调、指导改革工作。同时，成立学区制改革工作办公室，在试点运行阶段全面推进落实改革举措，对学区委员会和学区管理中心的职能进行了初步界定，明确了聚焦难点逐步推进的工作策略，为每个学区提供独立完善的办公空间，核拨 15 名编制，拨付专项运行和活动经费，全面保障改革顺利推进。

（二）坚持目标问题

上地学区在学区制改革中坚持目标导向和问题导向。一方面，注重规划引领。区域教育发展必须有目标、有路径，为此，上地学区依据《海淀区"十三五"教育发展规划》和《上地学区教育发展调研报告》，结合区域学校持续发展之需，区域教师专业发展之需，区域学生全面发展之需，通过多方研讨与论证，制定了《上地学区"十三五"教育发展规划》，其中确定了区域教育资源整合的方向和目标，以确保学区教育资源的实用性和有效性，推进区域义务教育优质均衡发展。另一方面，聚焦实践问题。有了明确的职能定位，找准区域教育发展的真实问题，才能实施有效策略推进区域教育优质均衡发展。为此上地学区成立仅仅两个月后，就申报了海淀区"十三五"规划课题"学区制改革背景下教育资源深度整合的实践研究"，并于 2017 年申报了北京市教育科学

"十三五"规划重点课题"学区治理模式下教育资源整合策略的研究与实践",旨在以课题为载体,以问题为导向,力图用严谨的态度、科学的思维,推动学区各项工作的开展。学区先后开展了下沉式走访、调研,认真分析区域教育发展现状,明确了区域教育发展的优势与不足,为探索上地区域教育优质均衡发展打下了坚实的基础。

(三)坚持人民立场

学区制改革要解决扶持薄弱校快速发展、缩小校际差距、促进教育公平的社会诉求。上地学区通过组织各类校际交流与合作,推动薄弱校抱团发展;建立教师发展共同体,推动优质教研资源共享,提升薄弱校师资水平;开发区域特色活动,为每一个学生输送优质课程资源。校际协同成长形成新样态,区域教育公平均衡发展水平全面提升。如果说集团化办学是拉动的过程,学区制改革就是推举的过程,双管齐下、互为补充,共同促进了学校的转型升级和特色发展,提升了区域教育品质和内涵。

(四)坚持分类整合

传统的教育资源主要是单一的学校资源,学区制改革打破了学校的资源边界,将各个学校资源进行整合,同时吸纳社会资源,通过对教育资源的整合、重组、优化实现教育资源的扩大化、优质化、均衡化配置,一定程度上缓解了区域内校际差距。上地学区建立资源共享平台,整合优化教育教学设施、文化体育场馆、艺术科技资源,打通教育内外、校内外、课内外的资源,驻区单位为教育发展提供了大量的人力、物力和智力支持,共同助力于学生实践活动和学校发展,真正为学生创造了时时学习、处处学习、个性学习的课程和资源环境。基于上地学区实践,上地学区将教育资源整合内容锁定在人力资源、课程资源、空间资源三类教育资源上。其中,以课程资源整合为核心,带动人力资源和空间资源的共享,以实现区域各中小学由资源分散的独自发展到资源整合的整体发展。资源整合过程中，按照分类整合的方法确定各类资源整合的策略。

（五）坚持机制保障

在改革之初，上地学区就定位了构建政府、学校和社会协商共治共同发展的教育治理新格局，探索政府宏观管理、学校自主办学、社会有序参与、各方合力推进的大教育格局，构建现代教育治理体系。第一，建立学区与社会的融通机制。推进公平而有质量的教育，要动员家庭、社区、企业及各种社会组织的力量。上地学区与区域内的高校、科研机构、企业及驻区部队等单位建立了融洽的互通机制，把社会资源转化为教育资源，实现教育资源充分、均衡、科学、有效地开发利用。第二，建立学区与学校的沟通机制。在进行校际教育资源整合时，成员间的沟通有助于协同开展各项工作。在沟通机制下，上地学区与各校干部教师建立起平等、尊重和互信的良好工作关系，了解了区域各校校长、干部教师的真实需求，实现了资源精准投放。第三，建立学区与教师的共同体机制。在教师发展共同体机制下，学区通过线上、线下跨校、跨学段、跨学科教研及学科基地建设等形式多样的研修方式，打造具有"上地印记"的教师发展团队，促进区域教育的整体提升。第四，建立学区与学生的项目参与机制。上地学区实施一系列聚焦学生学业和终身发展的重大项目，在项目化的活动中，积极协同项目相关各方，拓展、筛选、整合相关资源，因需、精准、高效使用各级各类资源，满足学生实际需求，协同学生特色发展。在实践中，上地学区以服务者的姿态，不断挖掘优质教育资源，实现了校社、校际教育资源的融合，缩小了校际教育质量的差距，促进了区域教育的优质均衡。我们所期待的学区制改革——构建一种全新的"师资优质化、活动一体化、教研整体化、课程多样化、发展特色化、评价多元化"的学区管理体系初步形成。

三、制定学区教育发展主要任务

（一）落实党对教育工作的全面领导

　　健全区域党建工作制度体系，高质量党建引领区域教育总体发展。在构建区域教育治理体系中，用党的创新理论武装头脑、指导实践。贯彻落实立德树人根本任务，建设学区思政课学科教研基地，深入推进德育、思想政治教育、意识形态等工作，推出一批政治过硬、业务精湛的高素质教师。增强群团工作政治性，创新性开展工会、共青团、少先队工作，筑牢师生信仰根基。落实党组织对"两新"组织、民办机构党组织和党的工作的有效覆盖，把党对教育工作的全面领导具化为推动上地区域教育改革的生动实践。

（二）构建高质量育人体系

　　构建学区内"一体两翼"的德育教育模式。以学区学生"养成教育"为核心，以学区班主任队伍建设为基点，以民族精神教育、心理健康教育为主要内容，学区树立大德育教育观，切实加强红色基因教育、生命教育、绿色教育、感恩教育和法治教育，营造良好育人氛围，开展以人为本、务实高效的德育活动。学区健全家校社协同育人机制，以学校教育为主阵地，以家庭教育为基础，以社会教育为延伸，着力构建学校、家庭、社会"三位一体"协同育人体系；促进德育、智育、体育、美育和劳动教育深度融合、多元融合、有机融合、协调发展，构建"五位一体"的全面育人体系；加强不同学段教育的统筹协调，探索整体育人体系，培养担当民族复兴大任的时代新人。学区加强健康教育、特殊教育和体育工作；提升学生健康生活理念，加强生命教育，培养中小学生积极心理品质，促进身心和谐全面发展；加强心理健康服务，打造学校、家庭和社会协同联动的心理健康教育服务模式；提升特殊教育质量，完善"区特教中心—学区资源中心—学校资源教室"三级支持体系。学区推动校园足球、冰雪运动、民族传统体育等特色体育项目，大力提升学生体质健康水平、体育运动能力。

（三）建设高素质专业化教师队伍

加强师德师风建设，提升干部教师思想政治素质和师德师风水平。学区完善上地学区师德建设体系，着力加强德育教师、班主任、各学科教师的师德培训，建立班主任工作室，开展师德实践活动。学区探索教师专业发展新型常态机制，结合区域实际制订分层、分类教师研修方案，以北京市基教研中心、海淀区教师进修学校为依托，以高等院校合作、学科基地研修为途径，不断整合研修资源，优化研修内容，创新研修形式，提升研修质量，提高教师教学能力和育人水平。学区深化"新手起航""青蓝携手""名师高徒"项目，满足教师成长个性化需求，加速不同发展阶段教师成长，加强骨干教师队伍建设。

学区继续探索实施区域干部教师内部流动融通机制，加强校际往来，有序推进教师实质性的交流轮岗工作，发挥优质学校和骨干教师的辐射引领作用，实现区域人力资源的均衡配置，顺应人民群众对优质教育的新需求。

（四）扩大区域优质教育资源供给

完善优质教育资源共享机制。学区构建教育协同发展体系，促进区域内教育资源合理配置，巩固存量，扩大增量，继续加大优质资源辐射力度。学区凝聚校际融合的思想共识，不断推进学校资源开放共享。学区充分发挥学区委员会委员作用，统筹整合各领域优质教育资源，保持与5类23家实践基地和驻区资源单位的密切联系，持续拓展教育资源的广度和深度，围绕科技、文化、体育等领域，深挖社会资源服务基础教育的潜力，拓宽合作途径，通过"上地大讲堂"、党团队主题教育活动、课后服务、科技节、艺术节、体育节等途径，以线上、线下等不同形式，面向学校投放，在因需投放的基础上，以高质量教育资源激发学校内在需求。学区完善区域资源的汇聚、激励、审核、质量评估、进化机制，形成资源完整生命周期的管理制度，通过组织运行机制、协同发展机制、制度保障机制、项目带动机制，实现优质教育资源融通共享，推动区域教育高位、优质、均衡发展。

（五）提升区域教育治理现代化水平

学区以深化学区制 3.0 版改革为契机，推进区域教育公平，坚持依法治教，继续构建多元主体参与的服务型组织体系，社会参与教育治理机制更加完善，形成各界人士协商共治的良好局面。学区建立健全学区委员单位激励和保障制度，更好地发挥学区统筹协调作用；探索学区统筹、区管校用模式，促进师资流动，加大师资配置的协调力度。

立足校内夯实"双减"成效。学区指导学校整体规划设计课内与课后服务教育教学内容，开展提高课堂教学质量的工作。学区强化课业辅导、答疑、巩固和提高，加强作业、考试评价管理，提供课后服务资源，切实增强课后服务的吸引力和有效性，确保学生在校内学会、学足、学好，有效缓解家长焦虑。

学区全面贯彻落实总体国家安全观，坚持底线思维，增强忧患意识，把维护安全稳定贯串教育发展各领域和全过程，确保区域教育持续安全稳定。学区坚持把师生员工的生命安全和身体健康放在第一位，落实安全管理责任，提高突发事件应急处置能力，提升人防、物防、技防水平。学区严格落实疫情防控各项要求，发挥学区联防联控、督导检查作用，确保区域内师生的健康、教学的秩序和校园的安全。

四、实施学区教育发展重点项目工程

（一）协同育人体系建设项目

学区依据《北京市大中小幼一体化德育体系建设指导纲要》文件精神，构建并完善上地学区协同育人德育工作体系，涵盖理想信念教育、社会主义核心价值观教育、中华优秀传统文化教育、生态文明教育和心理健康教育五大德育内容，发挥学区资源整合优势，以课程育人、实践育人、活动育人、文化育人和管理育人五大实施途径进行落地，协同各校开展育人工作。学区突出不同年段协同育人，促进学段衔接一体化；突出党、团、队协同育人，探索阶梯式培养新模式，推进党、团、队引领一体化；突出家校社合作协同育人，在区级课题"学区推动学校、家庭、社会协同育人的实践研究"引领下，探索家校社共育运行模式，形成区域学校、家庭、社会多元协作的育人工作新格局。

（二）创新人才培养贯通项目

学区结合儿童成长发展规律，协同学校开展中小幼贯通的科技创新人才培养，学前到3年级为激发兴趣和扶植阶段，注重激发儿童科学兴趣，培养正向学习情感；4年级到9年级为自我探索和定向阶段，帮助学生开展广泛和深入的自我探索，对科学学习和领域探索形成初步定向，并连接高中和大学的专业分化阶段，大力培养科技创新后备人才，充分发挥环境因素对科技创新人才培养的有利作用。

学区结合中关村科学城建设和海淀教育拔尖创新人才培养，充分利用并继续开发"上地学区青少年科技创新教育实践基地"，拓展科研院所资源，持续开展学区科技节及科技创新实践活动，大力倡导"科技报国"，继续开发并投放科技园区课程、馆校课程、大学实验室课程，协同培养科技创新人才。

（三）教师发展共同体建设项目

学区坚持党管干部、党管人才，保证教师队伍建设正确的政治方向，依据各级"双减"工作精神，在市级课题"教师共同体框架下学区高质量研修策略实践研究"引领下，优化学区结构，努力实现学区内干部教师的交流轮岗，缩小区域内校际差距，推进学区内校际师资均衡配置。

学区持续加强学区教师专业发展共同体建设，通过面向青年教师开展"青蓝携手"师徒结对，面向学科教师开展学科基地和开放研修，面向骨干教师开展专题性市基教研视导和清华、北大等高校高端研修，面向领军教师开展市级名师高徒项目，面向班主任及心理教师开展师德师风培训和心理培训等，全面提升区域教师队伍的学科素养、教学能力及育人能力。

（四）师生心理健康提升项目

学区加强健康教育，守护每一名学生的健康成长。在区级课题"学区心理健康教育发展研究与实践"引领下，着力促进师生心理健康发展，制定上地学区心理健康教育五年规划，健全学区心理健康教育机制，建设心理健康教育"四个一"资源支撑体系：一个联盟、一个专家资源库、一个基地校、一个服务指导平台。

制定实施关心关爱教师工程，系统开展心理健康培训，提升教师自我调适能力和心理健康水平，提高教师获得感和幸福感；推动教师心理健康知识普及、自身心理健康品质和技能提升，打造家校社协同联动的心理健康教育服务模式，提高学校家庭教育指导服务，培养中小学生积极心理品质，促进身心和谐全面发展。

（五）义务教育"双减"提质项目

学区促进"双减"背景下的义务教育优质均衡发展，坚持校外治理与校内提质双向发力。学区坚持依法管理规范校外教育，多举措治理校外学科类培训机构；围绕"五育并举"提质增效，结合"三提两融"工作思路，提升师德师风建设、提高教育教学质量、提高作业管理水平、提高课后服务水平，融合学校与学校经验、学校与家庭教育、学校与社会资源，立足校内提质。

学区发挥学区资源统筹职能，加大资源开发、供给、匹配力度，为区域学校提供菜单式课内和课后服务，助力学校提升教学质量和课后服务水平，切实提高区域学校育人水平，提升区域人民群众的教育获得感与满意度，促进区域教育生态良性发展。

（六）教育发展保障措施项目

依法治教保障。学区加强党建引领，全面推进依法治教、依法办学，发挥学区职能，以《北京市依法治校基本标准》为抓手，进一步落实依法治教责任，构建区域工作制度体系，强化教育重大决策的合法性审查，完善责任追究制度；

落实教育行政部门执法专项行动；落实"八五"普法规划，完善教育普法机制，进一步加强学区在依法治教、接诉即办工作中的统筹协调作用。

组织建设保障。学区建立健全学区委员会各委员单位激励与保障机制，开启学区多元主体共同治理 3.0 模式，完善学区委员会组织机构，完善学区委员会议决策机制，明确学区委员会分工，修订学区委员会职责，由学区委员会主任和副主任定期主持学区办公会，制订学区工作规划、计划和工作重点。由学区管理中心主持学区日常管理、统筹协调等，发挥学区治理的效能。

智力支持保障。学区建成支撑区域发展的新型教育智库，在"十三五"基础上完善学区智库，依托区域内外高校、科研院所各方面高层次人才、高科技企业的科研人员，充分发挥各类高校、研究机构、学区各个实践基地的功能作用，整合力量、联合攻关、协作开展聚焦立德树人根本任务，聚焦学校、师生、家长需求；聚焦激发学校活力办学；聚焦干部教师队伍培养；聚焦学习方式变革创新等研究、发展，展示上地教育风貌，提升上地学区治理成效。

教育安全保障。学区严格落实公共安全责任和管理制度。学区精准有效做好疫情防控，建立学校传染病防控大健康策略体系建设，与区域三个街道各执法部门，共同构筑坚强有力的教育系统公共卫生应急防控体系。学区深化平安校园建设，完善"教工委教委—学区管理中心—学校"三级安全管理体系，坚持普及性安全教育与问题导向安全教育相结合，形成以"安全防范、隐患排查、问题整改、跟踪指导、宣传教育"为闭环的安全管理模式。

经验小结：

教育是国之大计、党之大计，是事关国家发展和民族未来的千秋基业。学区制改革在中国仍在探索期，为了使学区制改革实现预期的目标，必须着眼未来，依据国家和地方教育发展的总体要求，明确学区教育发展目标，坚持科学的发展方向，制定学区教育发展的主要任务，为实现区域教育治理体系和治理能力现代化，以教育公平促进社会公平作出贡献。

参考文献

[1]［德］赫尔曼·哈肯.协同学——大自然构成的奥秘.凌复华,译.上海:上海译文出版社,2005.

[2]［美］帕克·帕尔默.教学勇气.吴国珍,译.上海:华东师范大学出版社,2005.

[3]［美］彼得·圣吉.第五项修炼——学习型组织的艺术与实务.上海:上海三联书店,1998.

[4]陈华君.人力资源向人才资本转变的机制研究.前沿理论,2017(5).

[5]陈武林,苏娜,谭美瑶.均衡发展视域下"学区制"实施的制度隐忧与突围.中国教育学刊,2016(7).

[6]丁雪婷.区域视角下教师专业学习共同体构建策略研究.硕士学位论文,东北师范大学,2015.

[7]冯洪荣.学区化管理"进行时":建立资源共享机制,推进区域教育优质均衡发展.中小学管理,2007(11).

[8]顾泠沅,吕达,周卫,等.建设一个实践型的学习共同体——面向未来的基础学校研究.教育发展研究,2006(13).

[9]韩雪.课程整合的理论基础与模式述评.比较教育研究,2002(4).

[10]黄丽锷.专业学习共同体:一个校本的教师发展途径.上海教育,2006(10).

[11]黄路然,肖冬云,蔡亮.论学区教研共同体建设——以郑州市区为例.西部素质教育,2016,2(7).

[12]黄路然,杨锐.学区教研共同体建设研究.课外语文,2016(6).

［13］李素敏.义务教育均衡发展的理论与实践研究.北京：中国社会科学出版社，2017.

［14］李奕.实行学区化管理 实现区域内各类教育资源的深度整合.中小学管理，2006（2）.

［15］林少华，陈朝蔚.以共同体建设拉动优质均衡杠杆.福建教育，2016（36）.

［16］林子敬.学区制改革：如何打开区域教育资源整合之门.人民教育，2019（1）.

［17］刘武根，艾四林.论共享发展理念.思想理论教育导刊，2016（1）.

［18］刘扬.北京市中小学校教育资源共享问题研究.硕士学位论文，北京师范大学，2005.

［19］陆云泉.学区制新改革：实现区域教育资源的深度整合.中小学管理，2016（1）.

［20］美国项目管理协会.项目管理知识体系指南（PMBOK指南）.北京：电子工业出版社，2018.

［21］芮建民.对教师专业发展共同体的探析.天津市教科院学报，2017（3）.

［22］陶西平.对试行学区制的几点思考.中小学管理，2014（3）.

［23］王振惠.学区制改革：从互联互通到共治共享——中关村学区在行动.基础教育课程，2018（09）.

［24］魏会廷.教师学习共同体：促进教师专业发展的新途径.武汉：武汉大学出版社，2014.

［25］吴晶.基础教育学区化办学研究.博士学位论文.华东师范大学，2018.

［26］徐晋华.教师学习共同体的构建与优化.教学与管理，2021（21）.

［27］徐静.教师专业发展共同体建构研究.硕士学位论文，东北师范大学，2019.

［28］徐丽丽.我国学区制改革的问题与对策研究.硕士学位论文，青岛大学，2018.

［29］杨清溪，柳海民.优质均衡：中国义务教育高质量发展的时代路向.东

北师大学报（哲学社会科学版），2020（6）．

[30]张红梅.项目化学习的定义、兴起原因及开展策略.福建教育，2021（6）．

[31]张宏丽.构建基于研究共同体的有效学科教研模式——KWL教学法的启示.天津市教科院学报，2010（3）．

[32]张丽娟.项目式学习在小学语文阅读教学中的应用研究.硕士学位论文，四川师范大学，2018.

[33]张瑞海.学区制改革的区域探索——以北京市东城区为例.上海教育科研，2018（2）．

[34]赵翩翩.海淀区温泉苏家坨学区学区制改革现状研究.硕士学位论文，中央民族大学，2017.

[35]赵曙明.人力资源管理与开发.北京：中国人事出版社，1998.

[36]赵新亮，张彦通.义务教育学区制改革：缘起、理念及路径——基于共同体理论的视角.教育科学，2017（06）．

[37]赵新亮.义务教育学区制改革——基于共同体理论的教育均衡发展模式探索.北京：科学出版社，2018.

[38]钟建林.学习型组织视野下教师专业发展共同体建设研究.教育理论与实践，2020，40（20）．

[39]周慧蕾，马程宏.论学区划分行为的可诉性.哈尔滨师范大学社会科学学报，2020（6）．

[40]周锦宜.越秀：化"学校资源"为"学区资源".广东教育：综合版，2014（5）．

[41]周兴国.义务教育均衡发展：从资源配置到资源激活.教育发展研究，2013（2）．

[42]朱勇进，余云峰.教师专业发展共同体研究.鄂州大学学报，2019，26（5）．